Heiko Ernst
Psychotrends

Zu diesem Buch

Der Mensch an der Schwelle zum dritten Jahrtausend: Wie bewältigt er das wachsende Tempo, die Informationsflut, das Überangebot an Glücksversprechungen und Lebensstilen, den Verlust an Werten und Sicherheiten? Ob wir diese Welt als Irrgarten oder als Supermarkt erleben – in jedem Fall sind wir ständig gezwungen, uns zu entscheiden, eine Meinung zu haben, unsere Identität zu definieren. Die neuen Freiheiten für das Ich schlagen häufig in neue Zwänge um, das Überangebot an Glücksmöglichkeiten ist anstrengend. Um in dieser »Tyrannei der Möglichkeiten« bestehen und gesund überleben zu können, müssen wir lernen, mit der Fülle an Erlebnisangeboten gelassen umzugehen. Heiko Ernst beschreibt die »langen Wellen« einer Entwicklung, die schon längst begonnen hat. Er entwirft Perspektiven für die Persönlichkeit der Zukunft, die trotz dieses Szenarios der Zwänge einen ungeahnten Spielraum für Freiheit und Kreativität eröffnen.

Heiko Ernst, geboren 1948 in Rastatt/Baden. Journalist und Diplompsychologe. Zahlreiche Veröffentlichungen. Seit 1979 Chefredakteur der Zeitschrift »Psychologie heute«.

Heiko Ernst

Psychotrends

Das Ich im 21. Jahrhundert

Januar '99

Piper München Zürich

Von Heiko Ernst liegt in der Serie Piper außerdem vor:
Die Weisheit des Körpers (2136)

Für Martin,
der im Jahre 2001 zwanzig wird

Ungekürzte Taschenbuchausgabe
Februar 1998
© 1996 Piper Verlag GmbH, München
Umschlag: Büro Hamburg
Simone Leitenberger, Susanne Schmitt, Annette Hartwig
Umschlagabbildung: Dave Plunkert
Satz: Uwe Steffen, München
Druck und Bindung: Clausen & Bosse, Leck
Printed in Germany   ISBN 3-492-22561-6

Inhalt

ben im Glashaus: Nichts bleibt geheim 66   Warum wir »cool«
werden 68   Jäger, Sammler und die Ekstasen der Kommunikation 69   Zwischenbilanz: Gewinne und Verluste des Ichs am Ende
des Jahrtausends 71   Stories ohne Sinn und Ziel: Die Herrschaft
des Zufalls 72   Die Dekonstruktion der Verantwortung 75   Wie
sich alles und nichts psychologisch erklären läßt 76   Das Weltwissen aus zweiter Hand macht paranoid 79

3. Kapitel
WAS SOLL ICH?   83
Das zweifelnde, suchende, exponierte Selbst

Von Spiegeln umzingelt: Selbstaufmerksamkeit als Dauerzustand 88   Was wir sind, sind wir durch Vergleiche 89   Der
Perfektionsdruck wächst – und macht depressiv 91   Das Leben
als Ansammlung von Klischees 93   Die Wahrheiten werden
durcheinandergewirbelt – sicher bleibt nur der Zweifel 95   Der
»Chor der inneren Stimmen« 97   Die Renaissance des Schamgefühls 100   Die Chancen, sich zu blamieren, sind gestiegen 102
Gefangen in den Schamfallen 104   Die Wurzeln des Zynismus 106   Kollektive Scham: Der Kreislauf von Demütigung und
Aggression 108   Kein Urlaub von der Arbeit am Ich? 110
Selbstfluchten: Vergiß, wer du bist – für eine Weile 112   Der Stich
ins aufgeblähte Selbst 114   Selbstsabotage als Mittel der Selbstrettung 116   Die Angst, »sichtbar« zu sein 118   Die beste Ausrede von allen: Ich war gehandicapt! 119   Was hätte aus mir alles
werden können... 120

4. Kapitel
WAS WILL ICH?   123
Die Tretmühlen des Glücks und der
asketische Impuls

Das mühsame Leben à la carte 127   Konsumkritik, die zweite:
Noch einmal, mit Verstand! 129   Warum warten? Genieße jetzt,
bezahle später! 131   Der neue Imperativ: Du darfst! 134   Die
Pseudokultur des Lifestyles 135   Neue Vitalität für genormte Bü-

Vorwort

Haben Sie schon Pläne für die Silvesternacht 1999? Wenn nicht, sollten Sie sich beeilen: Die spektakulärsten Bälle, Fêten, Parties sind schon fast alle ausgebucht. Millionen werden sich den Übergang ins nächste Jahrtausend als Supererlebnis inszenieren – auf Berggipfeln, in Flugzeugen, auf Türmen und Wolkenkratzern oder an anderen markanten Punkten, in der Gesellschaft ihrer besten Freunde oder in völliger Einsamkeit und Konzentration. Die Jahrtausendwende mobilisiert lange vorher Phantasien, die um Feste und Rituale kreisen. Ein denkwürdiger Übergang soll der eigenen Biographie ein Glanzlicht der Erinnerung aufsetzen.

Aber sonst? Endzeitstimmung wie bei der letzten Jahrtausendwende breitet sich bisher nicht aus. Milleniumsängste sind höchstens bei Zirkeln und Sekten zu finden. Die globale Dramatik des Kalten Krieges hat sich auf regionale heiße Kriege verlagert, und der ökologische Kollaps findet quasi in Zeitlupe statt. Alle Versuche, durch alarmierende Zwischenbilanzen und Horrorszenarien so etwas wie Aufbruch- oder Wendezeiten herbeizureden und -zuschreiben, scheitern einfach daran, daß sie schon zu oft unternommen worden sind und ihre mobilisierende Kraft verloren haben. Apokalypse – now and then, aber wir haben genug Alltagssorgen: Müßte ich nicht endlich mal wieder zum Zahnarzt? Kann ich mir eine größere Wohnung leisten? Werde ich mit fünfundfünfzig arbeitslos? Bringt die Umgehungsstraße endlich mehr Ruhe in mein Stadtviertel? Sollte ich die Kinder gegen Grippe impfen lassen?

Am ehesten noch lassen sich an dieser Jahrtausendwende Vergleiche zum letzten Fin de siècle ziehen. Wie um 1900 prägt ein Syndrom aus Hyperaktivität und Erschöpfung, aus Nervosität, Reizbarkeit und depressiver Verstimmung das psychische Klima. So wie damals Neurasthenie und nervöse Erschöpfung zu Modediagnosen wurden, ist heute die chronische Müdigkeit oder Depression das Leiden *du jour*.

Auch sonst stellen sich einige Déjà-vu-Erlebnisse ein: In einer Analyse der literarischen Figuren Arthur Schnitzlers – des Zeitgenossen Freuds und scharfsichtigen Chronisten der k.u.k.-Dekadenz – kommt Burkhard Spinnen zu dem Schluß: »Heute, da wir wieder spürbar auf eine neue Jahrhundertwende zugehen, bemerken wir unsere Ähnlichkeit mit den Schnitzlerschen Gestalten, vielleicht auch die Ähnlichkeit der in Auflösung begriffenen Ordnungen mit denen um 1900. Die sogenannte Sexuelle Revolution ist ebenso gescheitert wie die bürgerliche Doppel- und Schichtenmoral, und politische Konstruktionen, welche die Befreiung des Menschen aus der Abhängigkeit propagierten, brechen ebenso zusammen wie die feudalistisch-patriarchalische. Oberflächlichkeit im Umgang miteinander, Hedonismus und Egozentrik, Geschlechterkampf und äußere wie innere Treulosigkeit bestimmen heute so sehr den Alltag der Menschen, wie sie das Schicksal der Schnitzlerschen Figuren prägen.«

Schnitzlers Thema war »der schlechthin zeitgenössische Mensch«. Sein Lebensgefühl ist »impressionistisch«, flüchtig, oberflächlich. Er ist einer, der nirgends mehr Sicherheit findet. Seine Augenblicksverhaftetheit macht ihn unfähig, seine Existenz als dauerhaft und in einem Ganzen aufgehoben zu erfahren. Schnitzler hat dieses Epochengefühl in seinem eigenen Leben entdeckt.

Er fragte sich selbst: »Rührten ihn die großen, die ewigen Fragen nicht an? Und wenn es schon keinen Gott gab, in dem man sich beruhigt und beschlossen fühlte, gab es nicht eine Heimat, aus deren Boden man Kraft und Leben sog, kein Vaterland, als dessen Bürger man sich, ob nun mit oder ohne Stolz, fühlen durfte, gab es nicht Geschichte, Weltgeschichte, die ja niemals stillestand und die um unsere Ohren bläst, während wir durch die Zeit rasen?«

Und er antwortete: »Freilich gab es all das, aber die Heimat war eben nur Tummelplatz und Kulisse des eigenen Schicksals, das Vaterland ein Gebilde des Zufalls, eine völlig gleichgültige, administrative Angelegenheit – und das Weben und Walten der Geschichte drang doch nur, wie es uns Gegenwärtigen meist passiert, in der mißtönigen Melodie der Politik ans Ohr, der man nur ungern lauschte, wenn man nicht gerade zu denjenigen gehörte, die beruflich oder geschäftlich an den politischen Ereignissen interessiert waren.«

Dominiert dieses Lebensgefühl heute noch oder wieder? Gibt es vielleicht sogar noch mehr Gründe dafür, daß die Menschen »impressionistisch« und zutiefst verunsichert und bindungslos leben? Lassen sich überhaupt massenpsychologische, »epochale« Befindlichkeiten so eindeutig identifizieren?

Die Versuche, Lebensbedingungen und Empfinden des heutigen Menschen auf den Begriff zu bringen, sind Legion: Seine Heimat sind heute die Bindestrich-Gesellschaften der sogenannten Postmoderne, wie sie in immer schnellerer Abfolge entworfen werden – am liebsten von Soziologen. An der Schwelle zum Dritten Jahrtausend, so teilen sie uns mit, leben wir in der

– *Erlebnis-Gesellschaft*: Wir fühlen uns aufgefordert, unser persönliches Glück mit allen Sinnen und Kräften zu verwirklichen; die Welt bietet sich uns als durchgehend geöffneten Erlebnispark dar, und leben heißt vor allem *er*leben.

– *Sensations-Gesellschaft*: Auf der Suche nach permanenter Stimulation, nach *Kicks* und *Thrills* werden wir zu voyeuristischen Genießern von Skandalen, Sensationen, Super-Mega-Spitzenleistungen und gieren nach immer neuen, sich übertreffenden Spektakeln.

– *Freizeit-Gesellschaft*: Arbeit ist nicht mehr das dominierende Motiv im Leben einer wachsenden Zahl von Menschen. Immer wichtiger wird es, die freie Zeit auszufüllen und die Angebote der Freizeitindustrie und des Tourismus wahrzunehmen.

– *Multimedia-Gesellschaft*: Wir sind immer stärker eingebunden in ein wachsendes Netzwerk elektronischer Medien, die uns weltweit und unablässig mit Informationen, Bildern, Kontakten versorgen.

– *Nonstop-Gesellschaft*: Wir haben Pausenlosigkeit und Beschleunigung zum Leitprinzip unseres Lebens gemacht. Die Welt ist durchgehend geöffnet. Die Nacht wird zum Tage, Zeit ist Geld – und Müdigkeit und Erschöpfung sind der Preis für das schnelle Leben.

– *Options-*, wenn nicht gar *Multioptions-Gesellschaft*: Die Welt erscheint als ins Unendliche wachsender Supermarkt voller Waren, Ideen, Erlebnismodellen, Erfahrungen und Genußmöglichkeiten, der Alltag wird zum Multiple-Choice-Problem.

– *Risiko-Gesellschaft*: Sie produziert systematisch Unsicherheit, weil sie ihre eigene Komplexität nicht mehr überschauen kann. Wir lernen deshalb mit der immer präsenten Möglichkeit selbstverschuldeter Katastrophen zu leben, aber auch mit neuen und ungeahnten Chancen.

– *Kommunikations-Gesellschaft*: Kommunikation ist das beherrschende Prinzip, wir sind im unablässigen Gespräch und Austausch miteinander, das Leben gleicht einer nie endenden Talkshow, wir sind getrieben von den technischen Möglichkeiten, »in Verbindung« miteinander zu bleiben.

Die Liste ließe sich fortsetzen: Mehr oder minder faktenreiche oder phantasievolle Beschreibungen der nun anscheinend wirklich offen gewordenen »offenen Gesellschaft«, wie sie Karl Popper als Modell entworfen hatte, sich ständig verändernd und weiterentwickelnd:

– Wir sind »vernetzt«, »interaktiv«, hyperaktiv. Wir leben in einer Welt, die Selbstreferenz, Komplexität, Fuzzy-Logik und Chaos als ihre neuen Gesetze entdeckt hat.

– Wir schaffen uns Gesellschaften mit beschränkter Haftung, voller riskanter Chancen, mit entfesselnder und bedrängender Dynamik.

– Wir haben alle Möglichkeiten, uns »zu Tode zu amüsieren« (Neil Postman) und als »Hofzwerge des eigenen Maschinenparks« und voll »prometheischer Scham« (Günther Anders) unser Dasein zu fristen.

Was haben diese Modelle der Gesellschaft mit dem individuellen Leben in unseren Zeiten zu tun? Was prägt wirklich die Lebenspläne und die Lebensgestaltung? In welcher Wechselwirkung stehen die soziologischen und die technischen Veränderungen, die in diesen Gesellschaftsmodellen erfaßt sind, mit der Evolution der menschlichen Psyche? Ist es nicht selbst schon ein Symptom, daß viele dieser Beschreibungen und Prognosen die komplexen Wirklichkeiten vereinfachen bis zur Karikatur oder zu Dramatisierung und Zuspitzung tendieren? Aber: »Wie gewaltig und in großen Zügen auch das Tragische und Epische wirken, so sind es doch hauptsächlich immer die gewöhnlichen, alltäglichen, in Unzahl wiederkehrenden Handlungen des Menschen – gleichsam die Millionen Wurzelfasern am Baume des Lebens – in denen das sanfte Gesetz sich zeigt, wodurch das menschliche Geschlecht geleitet wird«, schreibt Adalbert Stifter in einem Brief an Friedrich Hebbel.

Zwischen diesem »sanften Gesetz« einerseits und einer »verzerrten Katastrophenfreudigkeit«, die Arno Schmidt zu erkennen glaubte, erstreckt sich die Realität des »zeitgenössischen Menschen«. Wie reagiert er auf die Mega- und Minitrends, die ihm von Wissenschaft und Wirtschaft, von Politik und Kultur als Rahmenbedingungen seiner Existenz vorgegeben werden? Wie verändert sich seine Psyche, wie sein Selbstverständnis? Ergeben die Partikel des Alltags ein Bild des Ichs am Ende des Jahrtausends?

Nahezu alle Beobachtungen und Bestandsaufnahmen konvergieren in einem Punkt: Die Evolution des Individuums hat ein Stadium erreicht, in dem der einzelne wie nie zuvor auf sich selbst gestellt ist. Diese Fokussierung auf das Ich ist das Resultat eines Individualisierungsschubes, der durch den technischen und wissenschaftlichen Fortschritt ausgelöst wurde und der höchst zwiespältige Ergebnisse mit sich brachte: zum einen eine Vervielfältigung von Freiheiten, Optionen und Lebensmöglichkeiten, zum anderen neue Zwänge und Unsicherheiten, die dem einzelnen ein immenses Maß an Seelenarbeit, an gewaltigen Anpassungsleistungen abverlangen. In dem Maße, wie sich äußere Zwänge verringern und die alten Autoritäten und Mächte ihre Kraft verlieren, verlagert sich die Notwendigkeit zur Lebensgestaltung und Selbstdefinition auf das Individuum: Der Mensch muß sich nun immer wieder neu selbst bestimmen.

In nahezu allen Lebensbereichen ist dem einzelnen eine Selbstgestaltungsvollmacht übertragen worden, die ihn häufig überfordert und die oft hohe psychische und physische Kosten verursacht. Mit den Optionen der Lebensgestaltung und Selbstbestimmung haben sich auch die Symptome vervielfältigt, mit denen die Menschen auf diese historisch neue, oftmals noch nicht begriffene Situation

14

reagieren. Neben den oft unbewußten Folgen dieser Individualisierung wie Streß, Erschöpfung, Entfremdung, Isolation, Entgrenzung, aggressives und selbstzerstörerisches Verhalten, Suchten und psychosomatische Krankheiten gibt es auch eine Vielfalt von bewußten und durchdachten Strategien, um mit der Pluralität und Ambivalenz fertig zu werden.

Weil es immer schwieriger, gleichzeitig aber auch reizvoller und potentiell befriedigender ist, die Vielfalt der Möglichkeiten auszuschöpfen und in seinen Lebensentwurf zu integrieren, muß der Mensch an der Jahrtausendschwelle ständig an sich selbst arbeiten, wenn er nicht auf reduzierte oder krankmachende Strategien der Lebensbewältigung zurückfallen will. Alte Lebensrezepte und Verhaltensmuster, Rollen, Institutionen und Traditionen helfen ihm nicht mehr angesichts der Grenzenlosigkeit von Konsum-, Informations- und Kontaktmöglichkeiten. Weil heute (fast) alles möglich, (fast) alles erlaubt ist, wird die Suche nach Identität zum Dauer-Auftrag.

1. Kapitel

WAS KANN ICH?

Das Selbst in der Möglichkeitsgesellschaft

In die Hölle treibt man,
in den Himmel muß man steuern.

(George Bernard Shaw,
Don Juan in der Hölle)

Don't stop thinking about tomorrow,
yesterday's gone, yesterday's gone…

(Fleetwood Mac)

Unser Leben ist heute eine endlose Kette von großen und kleinen Entscheidungen – von der Frühstücksmarmelade und anderen täglichen Konsum-»Wahlen« über die Unterhaltungs- und Bildungsmöglichkeiten bis hin zu den großen Fragen des Lebensentwurfes. Damit erhöhen sich die Glücksmöglichkeiten, aber auch die Risiken des Scheiterns. Hannah Arendt hat schon in den vierziger Jahren die sich abzeichnende Expansion der Wahlmöglichkeiten und Freiheitsgrade als »Tyrannei der Möglichkeiten« bezeichnet.

Wie in einem Modellversuch ließ sich diese Situation studieren, als 1989 die Mauer zwischen den beiden deutschen Staaten fiel: Die Ostdeutschen, aufgewachsen unter restriktiven und autoritären Bedingungen, gegängelt und überwacht durch einen mißtrauischen Staat, der den Mangel immer schlechter verwaltete, strömten nun in die Supermärkte, Pornoshops, Gebrauchtwagenfilialen und Reisebüros des Westens, um an der Überfülle teilzuhaben, die ihnen so lange vorenthalten worden war. Zweiundfünfzig Schinkensorten, hundert Automarken, telefonbuchdicke Reisekataloge, Paris für 99 Mark, Kondome mit Himbeergeschmack, überquellende Zeitungskioske.

Im Zeitraffer lief nun ein Lehrfilm ab, der die Westdeutschen, wenn sie ihn nur ansehen wollten, die psychischen Stadien nachempfinden ließ, die sie selbst in mehreren Jahrzehnten durchlebt hatten: neugewonnene Bewegungs- und Konsumfreiheit, Freß- und Reisewellen, wachsende Verwirrung, beginnender Überdruß, steigende psychische und gesundheitliche Kosten der Freiheit, Besinnung auf aufgegebene Werte wie Sicherheit und Geborgenheit, das Erleben zunehmender Diskrepanz zwischen Wahlmöglichkeiten und der eigenen Potenz, sie wahrzunehmen, allmählicher Rückzug und schließlich Ausbildung von Trotz- und Abwehrmechanismen gegenüber einer überfordernden, stressigen und rücksichtslosen Wolfsfreiheit.

Was sich als wunderbare Vermehrung der Glücksmöglichkeiten darstellt und was die Marketingexperten und Modephilosophen als verbindliche Lifestyle-Modelle verbreiten, ist, psychologisch betrachtet, eine höchst zwiespältige Sache. Der Sog des »schönen Lebens« und seiner allgegenwärtigen Ikonen ist mächtig. Er erzeugt Wünsche und Träume, die sich in Zwänge verwandeln, in eine Art Selbstverpflichtung zu ständiger Erfüllung, zu Genuß und Lebensfreude. Diese psychische Dynamik versetzt nicht nur solche Menschen in heillose Desorientierung und Versäumnisängste, die dem Mustopf totalitärer Systeme entstiegen sind, sondern auch die, die mit den Angeboten, Chancen und Verlockungen groß wurden.

Schiffbrüchig im Meer der Möglichkeiten oder: Wieviel Stabilität braucht das Ich?

Um auf das Überangebot der Waren, Medien und Informationen noch sinnvoll reagieren zu können, um sich nicht selbst in sinnlosem Konsum und Entfremdung zu verlieren, entwickeln die Menschen unterschiedliche psychische Strategien, die als »Lebensstile«, Sinnsuche oder Selbsterfindung erscheinen. Es sind Versuche, mit der Komplexität und der Ambivalenz des postmodernen Lebens zurechtzukommen, sie sollen Zusammenhang und Stabilität stiften, die psychische und physische Gesundheit sichern, schließlich auch die Einlösung wenigstens eines Teils der Glücksversprechen ermöglichen.

Solche Strategien der Selbsterfindung sind Reaktionsstile auf die Herausforderungen der Postmoderne, als deren wichtigstes Merkmal der Philosoph Wolfgang Welsch die »radikale Pluralität« nennt. Sie sind individuelle Versuche, Zusammenhang in zusammenhanglosen Zeiten zu stiften, Stabilisatoren für die eigene Existenz zu konstruieren und einen Lebenssinn zu finden.

Das Ich des heutigen Menschen kann in diesem Anpassungsprozeß viele Gestalten annehmen, es ist »proteisch«, wie Robert Lifton es in seiner eher optimistischen Vision nennt. Wie Proteus, der griechische Gott, der jede beliebige Gestalt annehmen konnte, so ist auch die Psyche des heutigen Menschen so plastisch, daß sie sich an die selbstgeschaffenen Umwelten und Zwänge anpassen kann und nicht nur überlebt, sondern an den neuen Herausforderungen wächst. Aber der proteische Mensch braucht auch »Fundamentalismen«, Inseln der Stabilität im Meer des Wandels. Und er wird lernen, beides in seinem Leben zu nutzen: die Flexibilität und das Beharrungsvermögen.

Liftons Vision zählt zu den optimistischen, sie steht damit im krassen Gegensatz zu pessimistischen Sichtweisen, die den heutigen Menschen als in der Warenwelt herumtorkelnden »Marketing-Charakter« (Erich Fromm) sehen, der Halt nur noch in den Angeboten von Werbung und Wirtschaft finden kann. Auf die Frage, wie und ob sich eine Existenz in der postmodernen Gesellschaft noch gestalten läßt, gibt es apokalyptisch-negative, optimistische und Je-nachdem-Antworten. Wie auf alle Jahrtausendfragen dieses Kalibers sind die letzteren natürlich unbefriedigend, aber wahrscheinlich am zutreffendsten: Wird das Ich mit den selbstgeschaffenen Freiheiten und Zwän-

gen zurechtkommen, laviert es sich – mit Gewinnen und
Verlusten – so durch, oder scheitert es und zerfällt in seine
Partikel? Kann es sich selbst einen inneren Zusammenhang geben, oder heißt der Preis für die Beschleunigung
des Lebens und die Vervielfältigung der Möglichkeiten
Erschöpfung, Angst, Langeweile, Isolation und Entfremdung? Je nachdem.

Entgrenzung, Reflexion und Selbstdefinition: Die Herausforderungen der Zukunft

Alles hängt davon ab, wie erfolgreich sich das Selbst des
heutigen Menschen mit drei Herausforderungen auseinandersetzen kann:

– Mit der *Erfahrung von Entgrenzungen* in allen Lebensbereichen: Physische und psychische Grenzen verschwinden in oft beängstigender Geschwindigkeit. »In-
nen« und »außen« sind weniger denn je voneinander abzugrenzen. Unsere Innenwelt löst sich in der Vielzahl von
Einflüssen der Außenwelt auf. Die wirtschaftliche Ver-
flechtung der Staaten erzwingt allmählich den Verzicht
auf nationale Grenzen, multinationale Firmen operieren
längst global und supranational. Die moderne Kommunikationstechnik und immer schnellere Verkehrsmittel lassen Raum und Zeit schrumpfen. Die Massenmedien, ge-
stützt auf modernste Techniken, unterrichten uns rund um
die Uhr über Ereignisse in den entlegensten Weltgegenden,
Ereignisse, die unser eigenes Leben indirekt oder direkt
beeinflussen.

Zunehmend wird uns bewußt, daß Zusammenhänge und
Wechselwirkungen bestehen, denen wir uns nicht mehr
entziehen können – wenn wir einen Hamburger essen, hat
dies Auswirkungen auf den Regenwald in Costa Rica.

Wenn Saddam Hussein ein erneutes militärisches Abenteuer riskiert, reagiert die Börse in Frankfurt, und die Benzinpreise steigen. Wenn wir weiterhin Spraydosen benutzen, nehmen die Fälle von Hautkrebs zu.

Grenzenlos sind aber auch unsere Erwartungen und Wünsche geworden. Nie zuvor in der Geschichte sind so viele Menschen gereist, haben so viele Luxusgüter konsumiert und so hohe Ansprüche an Sicherheit, Glück, Zufriedenheit und Erfüllung artikuliert. Die neuen Medien, allen voran das Fernsehen, als wichtigste Motoren dieser Entwicklung, lassen zunehmend die Grenzen zwischen Realität und Fiktion verschwimmen. Wie sonst wäre es zu erklären, daß ein junger Arzt mit Prädikatsexamen sich allen Ernstes bei der »Schwarzwaldklinik« bewirbt? Oder daß Millionen Fernsehzuschauer glauben, sie kennten die Politiker, Talkshow-Gastgeber oder Serienhelden, als ob sie Mitglieder der eigenen Familie oder gute Nachbarn wären?

Leistungsgrenzen, Grenzen der Aufnahmefähigkeit, des Genießens, Erlebens, Konsumierens werden immer weiter hinausgeschoben. Die Pausenlosigkeit und Vielfalt in fast allen Lebensbereichen erzwingen Präsenz und Teilhabe, und so wächst die Zahl derer, die befürchten, etwas zu versäumen oder im Wettbewerb um Glück, Erfolg und Spaß zurückzufallen. Medizinische und ethische Grenzen zerbröckeln: Lebensverlängerung um fast jeden Preis, künstliche Befruchtung, das Hinausschieben der Fruchtbarkeit und das Ermöglichen von Wunschkindern auch im fortgeschrittenen Alter durch In-vitro-Befruchtung, und so weiter.

– Das Ich unterliegt deshalb immer stärker dem *Zwang, sich mit sich selbst zu beschäftigen, über sich selbst nachzudenken*, eine Haltung permanenter Reflexivität einzunehmen:

Mit der Multiplikation von Lebensoptionen und Möglichkeiten wird es notwendig, sich in diesem neuen Spielraum zu orientieren. Deshalb wächst der Druck, immer wieder neu über den eigenen Standpunkt, die eigene Position nachzudenken. Weil es kaum noch stabile, allgemeinverbindliche Verhaltensmuster, Normen und Werte gibt, bleibt es zunehmend dem Individuum überlassen, seinen Standort zu definieren, seine Wünsche und Erwartungen zu überprüfen und zu formulieren. Reflexivität und Selbstbeobachtung sind die Aufgabe des selbstbewußten und aufgeklärten Menschen. Die äußeren Entgrenzungen jedoch haben dazu geführt, daß aus dieser Übung der Selbstbeobachtung und Selbstkontrolle allmählich Hyperreflexivität wurde – ein unablässiges Orientieren, Vergleichen, Messen des exponierten, auf sich gestellten Ichs, das die Sicherheit und Geborgenheit von Traditionen und Prinzipien verloren hat.

– Daraus ergibt sich die Notwendigkeit, neue schützende Grenzen für das Ich zu finden oder zu konstruieren: die *Aufgabe der Selbstdefinition*:

Um sich nicht in der Beliebigkeit und unüberschaubaren Vielfalt von Verhaltensmöglichkeiten zu verlieren, muß das Ich für sich neue Formen finden und innere Zusammenhänge herstellen, wenn es nicht völlig zur nur von Impulsen und von äußeren Einflüssen beherrschten Augenblickspersönlichkeit werden will. Um zumindest mittelfristig ein Mindestmaß an Kontinuität und Kohärenz im eigenen Leben herzustellen und zur Person zu werden, sind bewußte Anstrengungen nötig. Das Selbst braucht überdauernde Reaktionsmuster, um nicht pulverisiert und atomisiert zu werden. Lebensstile sind Beispiele für solche Selbstkonstruktionen. Die Ichs können dabei auf eine Vielzahl von Vorgaben und Versatzstücken zurückgreifen, die die Kultur zur Verfügung stellt. Dennoch ist die Selbstkonstruktion auch eine Form von Auto-hypnose oder Autoplastik – der Mensch ist das Wesen, das sich einbildet, was es ist, und es ist, was es sich einbildet.

Die Mobilmachung der Psyche

Das Lebensgefühl von immer mehr Menschen wird in dieser Epoche von Unstetigkeit und Unsicherheit ge-prägt: eine Folge all der »Freisetzungsschübe«, der Indi-vidualisierungs- und Enttraditionalisierungsprozesse, die sich in den letzten drei Jahrzehnten noch beschleunigt ha-ben. Die Bürger der hochentwickelten westlichen Indu-striestaaten haben gelernt, daß Leben bedeutet, immer »auf dem Sprung« zu sein. Mobilität wurde zu einer Tugend, zu einer Voraussetzung für die Teilhabe an den Angeboten und Freiräumen, die die fortgeschrittenen Staaten des Konsumkapitalismus bieten können:

– *Geographische Mobilität* ist Voraussetzung dafür, an jedem Ort sein Glück suchen zu können. Heimatgefühle, allzu tiefe Wurzeln, allzu enge Bindungen an Menschen und Orte sind hinderlich bei der Jagd auf Chancen.

– *Soziale Mobilität* bedeutet, über die Lebenschancen hinauswachsen zu können, die durch Elternhaus, Klasse, Schicht oder Geschlecht einmal sehr viel enger definiert waren.

– *Beziehungsmobilität* bedeutet, daß Bindungen an Partner oder Familie nicht mehr lebenslang sein müssen. Die dramatisch steigenden Scheidungsziffern drücken aus, daß Beziehungen immer stärker auf Zeit eingegangen werden – ihre Dauer ist abhängig von den sich wandelnden indivduellen Bedürfnissen: Gesucht werden »Lebens-abschnittsbegleiter«.

– *Politische Mobilität* schließlich bedeutet, daß die traditionellen Loyalitäten gegenüber Parteien, Führungspersönlichkeiten, Doktrinen oder Institutionen sich lockern: Gewerkschaften und Parteien verlieren Mitglieder, die Zahl der »Wechselwähler« steigt von Wahl zu Wahl, Ehrenämter sind kaum noch zu besetzen.

Die Beschäftigung mit dem eigenen Selbst, mit Selbstverständnis und Selbstverwirklichung und schließlich die wachsende Erkenntnis, daß Identität immer weniger ererbt oder zugeschrieben ist, sondern selbst konstruiert und erworben werden muß, sind die Folge dieser »Mobilmachung«, die in den letzten Jahrzehnten an Rasanz zugenommen hat. Das Selbst eines Menschen, seine Persönlichkeit, ist heute nur noch wenig durch Gruppenzugehörigkeit, durch Bindungen und Traditionen definiert. Es ist eine variable Größe, die immer wieder neu verhandelt und stabilisiert werden muß.

Das Selbst muß ständig prüfen, messen, vergleichen, verwerfen – es legt sich probeweise Eigenschaften und Attitüden, Werte und Verhaltensweisen zu, ohne sie gleich zu festen Bestandteilen der Person zu machen. Häufig steht das Ich vor der Aufgabe, erst mühsam einen Basisvorrat an Selbstwert und Selbstachtung zu schaffen, besonders wenn es zu einer benachteiligten, ausgegrenzten Gruppe gehört. Die Feministin Gloria Steinem beschreibt in ihrer Autobiographie eindrücklich, wie selbst sie, eine der erfolgreichsten Vorkämpferinnen der Frauenbewegung, sich ihr Leben lang mit enormen Selbstwertproblemen auseinandersetzen mußte.

Es begann mit der Suche nach dem »wahren Selbst«

In den vierziger Jahren prägte Erik Erikson den Begriff der »Identitätskrise«. Was zunächst als psychoanalytischer Fachbegriff gemeint war, der die Phasen der Neujustierung von Motiven, Zielen und Beziehungen in verschiedenen Lebensabschnitten beschreiben sollte, wurde in den folgenden Jahrzehnten zu einem Modewort, weil es sich gut eignete, um dem Ringen um die »Selbstfindung« und »Selbstverwirklichung« einen Namen zu geben.

Individuelle und kollektive Identitätskrisen waren die unvermeidlichen Begleiterscheinungen einer anhaltenden Bewußtwerdung: Immer mehr Menschen begannen sich zu fragen, wer sie »wirklich« sind, welches ihre Rolle in der Gesellschaft sein sollte, ob sie ihre Talente und Potentiale verwirklichen und ihre Chancen nutzen konnten. In den sechziger Jahren begann mit der Humanistischen Psychologie und ihren neuentwickelten Therapieformen eine massenhafte Suche nach dem »wahren Selbst«, ausgehend von der optimistischen Vermutung, daß in den meisten Menschen mehr stecke, als sie aus sich machten. Es bedurfte allerdings einer gezielten therapeutischen Nachhilfe, um die verschütteten Schätze des »wahren Selbst« zu heben. Exotische und mystische Traditionen wurden bei dieser Suche ebenso eingesetzt wie Encounter- und Gruppentherapien oder bewußtseinserweiternde Drogen.

In den siebziger Jahren mutierte die Selbstsuche allmählich zu praktischeren, handfesteren Formen. Die Nabelschau wurde von Selbstbehauptungstrainings abgelöst. Selbstbewußtes, »assertives« Verhalten wurde zum neuen Lernziel: die Durchsetzung der eigenen Interessen gegen die anderen, die nun nicht mehr freundliche Reisebegleiter auf dem Egotrip waren, sondern Konkurrenten im härter gewordenen Kampf um berufliche Chancen und finanziellen Erfolg. Das »Jahrzehnt des Ichs«, wie Thomas Wolfe diese Dekade getauft hatte, war die Phase, in der sich das »echte«, »verwirklichte« Selbst all der Glücks-, Erfolgs- und Erfahrungsmöglichkeiten bewußt wurde, die ihm der materielle Wohlstand in den westlichen Industrieländern versprach – um den Preis, sich auch selbst immer besser zu disziplinieren und anpassen zu müssen. Christopher Lasch sah das »Zeitalter des Narzißmus« heraufziehen, in dem egoistische und zunehmend beziehungsgestörte Menschen auf der vergeblichen Jagd nach Glück und Lebenssinn ihre seelische Gesundheit ruinierten.

Als typische Sozialcharaktere dieser Epoche galten während der achtziger Jahre die Yuppies und andere statusbesessene, erfolgsorientierte und genußsüchtige Karrieristen. Diese Karikaturen der Selbstsucht verdeckten jedoch, daß die Beschäftigung mit dem Selbst zu einer Notwendigkeit geworden war, und zwar für nahezu alle Menschen. Dieser historische Trend scheint zumindest auf absehbare Zeit unumkehrbar, denn er wird stabilisiert durch wirtschaftliche, kulturelle und politische Entwicklungen, die die Individualisierung und Selbstorientierung immer weiter vorantreiben.

Die wachsende Bedeutung des »guten Eindrucks«

Das Doppelgesicht dieser Entwicklung, in der das hypertrophierte Ich seine Identität und sein Glück sucht (und alleine finden muß), läßt sich in einem Vergleich darstellen: Es ist, als hätte jeder von uns ein schönes, großes Haus mit weitläufigem Garten geschenkt bekommen. Einzige Bedingung: Es ist so zu warten und zu pflegen, daß es seinen Wert behält. Die Besitzer sind für alle Veränderungen, Umbauten und Reparaturen, auch für Zerstörungen, Einbruch oder Brand verantwortlich – denn es wird keine Gebäudeversicherung abgeschlossen.

Natürlich ist dies dennoch ein wunderbares, ein großzügiges Geschenk, wer würde es nicht mit Freuden annehmen?

Aber allmählich wird den stolzen Hausbesitzern bewußt, welche enorme Aufgabe sie sich aufgeladen haben. Kleine und größere Reparaturen sind nötig, die Fassade muß von Zeit zu Zeit gestrichen, die Zäune ausgebessert, das Dach repariert, die Leitungen erneuert werden. Und da das Haus recht groß ist, bleibt nur noch wenig Zeit für Reisen oder Muße. Der Blick über den Zaun belehrt zudem, daß der Nachbar noch fleißiger am Erscheinungsbild des Hauses arbeitet, seinen Garten noch besser pflegt, und es gilt, nicht allzusehr zurückzufallen.

Natürlich macht es auch jetzt noch Freude, in einem so schönen Haus zu wohnen, aber man ist doch allmählich in die Rolle seines eigenen Hausmeisters, eines Dieners gerutscht. Die Besitzer haben die laufenden Kosten unterschätzt, die der stattliche Besitz verursacht – vor allem auch die Kosten an Zeit, Mühe, Energie. Selbst wenn im Innern des Hauses vieles nicht erledigt werden kann, so muß doch – schon wegen der kritischen Blicke der anderen – das Äußere gepflegt werden.

Die Arbeit am Selbst gestaltet sich in Wirklichkeit noch viel komplizierter, als es diese Analogie verdeutlichen kann: Weil die meisten Individuen ihr Selbst nicht als »Reihenhäuschen« sehen, sondern ein höchst eigenwillig gestaltetes und von ihnen auch bewohnbares »Haus« anstreben, im Idealfall eine »Villa«, gibt es keine verbindlichen Normen oder Vorschriften, die Struktur und Gestaltung vorgeben. Die vermeintliche Gestaltungsfreiheit erzwingt ständige Orientierung an stetig sich wandelnden

Modellen, Moden und Vorbildern. Niemand kann sich auf seinen Lorbeeren ausruhen: Flexibilität, Weiterentwicklung, lebenslanges Lernen sind Fetischbegriffe unserer Zeit geworden. Es reicht also nicht aus, ein einmal als optimal definiertes Selbstbild zu entwickeln, es muß immer wieder neu den veränderlichen inneren Bedürfnissen und den äußeren Moden und Zwängen angepaßt werden.

Was tun wir nicht alles, um für uns selbst und für die Außenwelt ein Bild zu entwerfen, mit dem wir uns wohlfühlen können? Wir entwerfen ein Image, das unseren eigenen Werten und Zielen entspricht, das aber gleichzeitig »nach draußen« signalisiert, wie wir gesehen werden wollen. Nur sehr wenige Menschen bringen es fertig, gegenüber diesen Zwängen resistent zu bleiben – und manchmal ist die demonstrative Gleichgültigkeit nur eine besondere Form der Selbstinszenierung: Seht her, ich kümmere mich nicht darum, wie andere mich sehen...

In der Regel befinden sich die modernen Selbste in einem ständigen Selbstverbesserungsprozeß. Sie tun alles, um den »guten Eindruck« aufrechtzuerhalten und zu vervollkommnen. Die Modebranche lebt davon, daß fast neue, brauchbare Kleidung abgelegt und noch neuere (»das trägt man jetzt«) gekauft wird. Wir betreiben Kosmetik auf allen Ebenen: Gesicht und Körper werden gepflegt, verschönt, schlankgetrimmt, notfalls operativ »verbessert«. Und auch die Psyche kann mit Hilfe von entsprechenden Techniken, neuerdings mit immer zielgenaueren Pharmaka nachgebessert werden: Der amerikanische Psychiater Peter Kramer spricht von »kosmetischer Psychopharmakologie« – neue Drogen wie etwa Fluctin ermöglichen es, Temperament, Stimmung und Aktivitätsniveau so zu beeinflussen, daß sich Menschen »besser als gut« fühlen und so altmodische Eigenschaften wie Schüchternheit, Verstimmtheit, Gehemmtheit, Aggressivität und so weiter übertünchen können.

Wer oder wie oder was bin ich?

Selbsthilfe- und How-to-do-Bücher konzentrieren sich zunehmend auf immer verfeinertere Formen der Selbstaufbereitung, und die ständige Präsenz von Verhaltens- und Aussehensmodellen in den Massenmedien und in der Werbung stimulieren diese nie endende Informationsaufnahme: Wie lerne, koche, liebe, unterhalte, verhandle, spiele, erziehe ich besser? Wie nehme ich ab? Welche Sportart ist gut für mich? Welches Auto sollte ich fahren? Wie trenne ich den Müll richtig (und vermeide Vorwürfe von ökologisch korrekten Mitbewohnern)? Welchen Film muß ich gesehen, welche Bücher gelesen haben? Was denken Eltern/Nachbarn/Kollegen, wenn wir uns dieses Jahr nicht wieder einen teuren Urlaub leisten können?

Über all diesen vielen Einzelbemühungen, das eigene Selbst zu definieren und zu optimieren, schwebt – wie eine Meta-Aufgabe – die Suche nach Identität. Die vielen Einzelschritte der Arbeit am Selbst müssen integriert und in einen größeren Zusammenhang gebracht werden, um schließlich die beunruhigende Frage beantworten zu können: Wer oder was bin ich?

Aber ist dies wirklich möglich? Ist es überhaupt noch sinnvoll, ein geschlossenes, stimmiges Selbstbild zu entwerfen und eine »Identität« anzustreben? Und wenn ja, um welchen Preis kann dies geschehen? Ist unter den Bedingungen der Entgrenzung, dem Zwang zur Reflexivität und zur Konstruktion der eigenen Persönlichkeit überhaupt eine zusammenhängende, übergreifende Identitätsbildung möglich – und ist sie erstrebenswert?

Können Menschen, die ihre wachsende Autonomie gleichzeitig immer stärker als eine »Tyrannei der Möglichkeiten« empfinden, überhaupt noch wertvolle Lebenszeit und Energie in die Suche nach Identität investieren? Und was geschieht schließlich mit dem menschlichen Urmotiv, die eigene Existenz zu transzendieren und den eigenen Lebensentwurf nicht bei der Suche nach kleinen Erfolgen und Anpassungsleistungen zersplittern zu lassen? Was wird aus dem nicht zu unterdrückenden Wunsch, Teil eines größeren Ganzen sein zu wollen?

Die Menschen an der Jahrtausendwende gleichen in ihrer psychischen Struktur jenen Parvenüs, die im 19. Jahrhundert als neuer Sozialtypus nach oben gespült wurden: Äußerlich erfolgreich, blieben sie doch verachtete und verlachte Gestalten, Emporkömmlinge, deren Geld und Erfolg nicht darüber hinwegtäuschen konnten, daß sie keine Herkunft, keine »Manieren«, keine Bindungen hatten. Der Philosoph Zygmunt Bauman schreibt über das Dilemma des Aufsteigers: »Definitionen sind angeboren, Identitäten werden gemacht. Definitionen bedeuten Ihnen, daß Sie sind; Identitäten locken Sie mit dem, was Sie noch nicht sind, aber werden können. Parvenüs waren Leute auf krampfhafter Suche nach Identität. Sie jagten Identitäten nach, weil ihnen Definitionen von Anfang an versagt worden waren. … Einst in den weiten Raum unbegrenzter Möglichkeiten geschleudert, waren die Parvenüs eine leichte Beute: da waren keine befestigten Plätze zum Verstecken, da waren keine zuverlässigen Definitionen, die sich als Rüstung tragen ließen.«

Das bedeutet: Nur wer fest in sozialen und kulturellen Hierarchien verankert ist, nur wer »seinen Platz« sicher hat, bringt jene Selbstsicherheit auf, die im Guten wie im Bösen Halt verleiht, gleichzeitig aber von der mühsamen Arbeit an Selbstverständnis und Selbstdarstellung befreit. Alle anderen – und das ist heute die Mehrheit der Menschen – bleiben parvenühaft oder amöbengleich auf der Suche nach Formen der Identität, um sich in der neuen Freiheit zurechtzufinden.

Nach uns die Sintflut – vor uns die Freiheit

Dabei sind sie bei der Arbeit am Selbst keineswegs auf sich alleine gestellt – das Problem ist ja gerade, daß allzuviele, unübersehbare und schwer einzuschätzende Angebote und Versatzstücke für die Selbst-Erschaffung zur Verfügung stehen. Diese Angebote erfassen jeden Lebensbereich, und ihre Bandbreite reicht von den Rest- und Trümmerstücken alter Traditionen, Ideologien und Lebensrezepte bis hin zu Ermunterungen totaler Beliebigkeit und zur Propagierung eines ungebremsten Hedonismus. Typisch für eher traditionelle Angebote sind die Versuche, etwa »nationale Identität« und völkische Zugehörigkeit anzubieten (oder zu funktionalisieren), um die Sinnlücke vor allem bei solchen Menschen zu schließen, denen aufgrund ihrer schlechten Startchancen der Weg zu einer selbstbestimmten Identitätsbildung verbaut scheint. Das extreme Gegenmodell gipfelt in dem Vorschlag, die völlige Bindungsfreiheit zu nutzen, hier und jetzt zu genießen und sich einen Teufel um ideologische, soziale oder ethische Fragen zu scheren.

Ob und wie das entgrenzte, entfesselte Ich des Menschen in der Postmoderne mit den Zwiespältigkeiten dieser neuen Situation fertig wird, bleibt offen. Pessimistische und optimistische Prognosen über das Schicksal der »postmodernen Psyche« halten sich noch die Waage. So sieht beispielsweise Joachim Fest einmal mehr den Untergang des Abendlandes heraufziehen: »Die Idee der Selbstverwirklichung beispielsweise, deren Parolen nacheinander, von der Debatte über die antiautoritäre Erziehung, das Aussteigertum und die Sexualmoral bis hin zur Abtreibungsdiskussion, immer neue Bereiche eroberten und hinter jedem Wertbegriff finstere Repressionsstrategien am Werke sahen, wurde vielfach als Rückkehr zu den unverfälschten Ursprüngen verstanden. Und viele, die dabei mitmachten und mitjubelten, ahnten nicht, daß mit der neuen Freiheit immer wieder auch die eine oder andere jener Normen abging, die einen Kulturzusammenhang ausmachen.«

Er beklagt dann so ziemlich alle Erscheinungen der Postmoderne, etwa Rockgruppen, die zu Zerstörung, Horror und Vandalismus aufriefen, die »Schwarmgeisterei« eines Eugen Drewermann oder Franz Alt, aber auch die »Gefühlskultur« voller Selbstmitleid und das Theater, das sich als »Pandämonium aus Perversion, Gewalt und Obszönität« geriere. Paradoxerweise empfiehlt er als Antidot die Respektierung der Wirtschaftsverfassung, und das heißt für ihn vor allem die Anerkennung ihres Leistungspathos. Die Ironie dieses Vorschlages besteht darin, daß es genau die überbordende Produktion, die blinde »Leistungs«-Ideologie und die von ihr ausgehenden Konsumzwänge waren, die die vielbeklagten Symptome des »Zerfalls« erzeugten. Fests Argumentationsfigur gleicht der seiner Gesinnungsgenossen in den christlichen Parteien, die mit aller Macht den Ausbau des privaten Fernsehnetzes betrieben, um nun scheinheilig-entsetzt die Verrohung und Verblödung zu beklagen, die von diesen Kanälen ausgehe.

Optimistischere Entwürfe einer Welt, in der sich das postmoderne Ich konstituiert, stammen beispielsweise von dem Sozialpsychologen Kenneth Gergen, der in der Ausbildung eines »Beziehungs-Selbst« demokratisierende, humanisierende und aufklärerische Momente sieht. Gerade in der Relativierung von Werten und Standpunkten liege die große Chance, die entsetzliche Autorität absoluter Wahrheiten zu überwinden und fremde Ansichten und Lebensentwürfe tolerieren zu lernen. Zygmunt Bauman schließlich meint: »Im Laufe des langen, gewundenen und umständlichen Marsches der Moderne sollten wir unsere Lektion gelernt haben: daß nämlich die existentielle Lage des Menschen unheilbar ambivalent ist, daß das Gute immer mit dem Bösen gemischt auftritt, daß sich die Scheidelinie zwischen heilsamen und giftigen Dosen von Medizin für unsere Unvollkommenheit unmöglich mit Sicherheit ziehen läßt.«

Zum Beispiel Familie: Bahnhof für Einzelreisen

Was bedeutet das Leben in der Möglichkeitsgesellschaft für die soziale Instanz, die unser Leben immer noch am stärksten prägt und beeinflußt – für die Familie? Stirbt sie, wie manche Kulturpessimisten meinen, aus? Wahrscheinlich nicht. Paradoxerweise sind die stark steigenden Scheidungszahlen nicht das Alarmzeichen, für das die Pessimisten sie halten. Der Familienforscher Robert Hettlage interpretiert sie sogar als Indiz für einen »Bedeutungsgewinn der Ehe«: Wenn wir unsere hohen Erwartungen und Ansprüche in einer Beziehung nicht erfüllt sehen, dann stecken wir nicht zurück und arrangieren uns mit einer auch nur »mittelmäßigen« Ehe, sondern versuchen sie in einer neuen Beziehung zu verwirklichen. Ehen und Familien mögen heute weniger dauerhaft sein als früher, dafür sind sie befriedigender.

Und wer das Familienleben in früheren Zeiten verklärt, sollte sich erinnern: Die Familie war nie die Idylle, als die wir sie jahrzehntelang sehen wollten. Sie war nie das Ergebnis einer ungetrübten Liebesbeziehung, die sich allmählich zum Hort der Geborgenheit und der Sicherheit entwickelte, in dem Kinder wohlbehütet aufwachsen konnten. Vor allem in den fünfziger Jahren blühte diese Mittelschichtsphantasie von der kleinen, glücklichen Durchschnittsfamilie. Sie wurde sorgsam gepflegt, vor allem von christlich-konservativen Familienpolitikern, und sie gilt heute noch als Normalfall, als Schablone für das, was als Familienpolitik betrieben wird. Aber dieses Familienideal entsprach so gut wie nie nie der Realität. Richtig ist: Die Familie war immer eine wichtige, oft gut funktionierende Konstruktion, aber ihre Ziele und Aufgaben waren den sozialen und wirtschaftlichen Zwängen der jeweiligen Politik unterworfen. Sie ist aber nie eine »gottgegebene«, natürliche Ordnung gewesen.

Es ist heute gerade die bürgerliche Kleinfamilie, das »zärtliche Symbol einer erreichbaren Gegenwelt« (so der Soziologe Ulrich Beck), die an ihren inneren Widersprüchen und an den neuen gesellschaftlichen Werten zu zerbrechen droht. Sie kann nicht mehr all das auffangen und aufarbeiten, was auf ihre Mitglieder in der »Welt da draußen« einstürmt. Sie implodiert, wenn die emotionalen Spannungen überhand nehmen – Spannungen, die meist als »hausgemacht« empfunden werden. Aber der Binnenstreß in Familien entsteht vor allem durch die oft unbewußten Reaktionen auf eine veränderte Gesellschaft.

Sicher ist heute: Wenn die Familie eine Zukunft haben soll, muß sie ihren Charakter völlig verändern, denn sie muß neue Aufgaben und gewandelte Bedürfnisse ihrer Mitglieder erfüllen. Die ungeschriebenen Verträge der »alten« Familie müssen aufgekündigt und allmählich durch neue Abkommen ersetzt werden: So gilt zwischen den Ehepartnern schon längst nicht mehr das Treueversprechen: »bis daß der Tod euch scheidet«. Beide Partner wissen, daß sie eine Art Liebesbündnis mit begrenzter Haftung schließen. Und auch der Kontrakt zwischen Eltern und Kindern wird revidiert: Nicht mehr Behütung und Erziehung der Jungen sind die erklärten Ziele, sondern deren frühe Autonomie, Kompetenz und Selbständigkeit.

Familie ist kaum noch der nach außen abgeschirmte, sichere Hort, das Rückzugs- und Regenerationsgebiet, in das die einzelnen Mitglieder zurückkehren können. Die Außenwelt dringt immer stärker in den Kokon ein, und umgekehrt verwenden die Familienmitglieder immer mehr Zeit und Energie für ihr Engagement »draußen«. Die Freizeit- und Erlebnisgesellschaft mit ihren vielfältigen Unterhaltungsangeboten verpflichtet Kinder und Eltern geradezu, ihren eigenen Interessen und Aktivitäten nachzugehen.

Der Wirtschaftswissenschaftler Victor Fuchs stellte fest, daß sich die Zeit, die Eltern mit ihren Kindern verbringen, seit 1960 in den westlichen Industriestaaten um zehn bis zwölf Stunden pro Woche verringert hat. Und der Psychotherapeut Michael L. Moeller registrierte, daß Paare durchschnittlich nur noch zehn bis fünfzehn Minuten am Tag miteinander sprechen. Wer früher beim Abendessen fehlte, mußte schon gute Gründe haben, um seine Abwesenheit zu rechtfertigen. Heute sind Überstunden, Kinobesuch, Sportveranstaltungen oder ein Treffen mit Freunden selbstverständliche, nicht weiter diskutierte Entschuldigungen.

Ein großer Teil der individuellen Zeitbudgets geht inzwischen für den Medienkonsum drauf – durchschnittlich drei Stunden tägliches Fernsehen macht aus dem Kreis der Familie einen Halbkreis um das »elektronische Herdfeuer« – wenn nicht längst die Programmvielfalt dazu geführt hat, daß jeder in sein eigenes Gerät starrt. Der Aufenthalt in der Familie, das ist heute eine Art Boxenstop: Kurze Verweildauer, schnelle Befriedigung der Bedürfnisse – Essen, Kleiderwechsel, Austausch von Informationen – und weiter geht's…

Der Entwicklungspsychologe David Elkind gebraucht das Bild des Bahnhofes, um die postmoderne Familie zu beschreiben – ein urbaner Treff- und Ausgangspunkt für »Einzelreisen«. Und Kenneth Gergen spricht von post-

modernen »Mikrowellen-Beziehungen«, um das emotionale Klima in der neuen Familie zu charakterisieren: Die
Kontakte werden zeitlich kürzer, dafür aber intensiver und
konzentrierter. Damit widerspricht er der gängigen Kul-
turkritik, die den Zerfall menschlicher Bindungen, zumal
in der Familie, beklagt – es komme nicht auf die Dauer
der miteinander verbrachten Zeit an, sondern auf deren
Qualität.

Autoritätsverlust der Alten, Autonomiegewinn für die Jungen

Seit Neil Postman das »Verschwinden der Kindheit« beklagt hatte, ist die Erosion dieser Lebensphase schnell und
dramatisch vorangeschritten. War die Familie bis vor kurzem noch kindzentriert und sah die Erziehung des Nach-
wuchses als eigentliche Hauptaufgabe an, so ist sie heute
vor allem elternzentriert. Die Wünsche, Nöte und Bedürfnisse der Erwachsenen stehen heute im Vordergrund, ihre
Selbstverwirklichung hat Vorrang. Da trifft es sich gut, daß
die Kinder inzwischen selbst sehr schnell erwachsener
werden: Unumstrittener Held aller vorpubertären Kinder
ist heute »Kevin allein zu Haus«. Er kommt nicht nur ohne
Eltern gut zurecht, sondern hat dabei noch jede Menge
Spaß. Kevin, der Prototyp des neuen Kindes, ist schon mit
acht Jahren kein unschuldiges, abhängiges und hilfloses
Wesen mehr, sondern ein cleverer Bengel, »streetwise«,
medienerfahren und sehr wohl in der Lage, sich selbst zu
schützen.

Die »sophisticated kids« von heute wissen oft besser
als ihre Eltern über die neue Kommunikationstechnik,
über Medien, Musik, Drogen und die Warenwelt Bescheid.
Nintendo und Computer, MTV und »Bravo« haben die

eigentliche Erziehung übernommen. Das Lebensgefühl der heutigen Kinder ist urban, nicht häuslich. Zwar schätzen auch sie Geborgenheit und Elternliebe und leiden, wenn sie die nicht in ausreichendem Maße erhalten. Aber sie können auf die Klammerei, den Gemeinschaftszwang und die Bevormundung durch die »Alten« gut verzichten. Und als erste Generation können sie sich schon früh und erfolgreich aus dieser Umklammerung lösen.

Während die Kinder und Jugendlichen von heute autonomer, kompetenter und familienunabhängiger werden, sind ihre Eltern vor allem mit sich selbst beschäftigt. Ihre Generationenaufgabe lautet, das Erwachsensein neu zu definieren. Sie haben einerseits einen großen Teil ihrer früheren Autorität verloren. In den Augen ihrer Kinder sind sie selbst verunsicherte und hilfsbedürftige Wesen. Andererseits können sie sich bei ihren rührenden, komischen oder hilflos-autoritären Erziehungsversuchen längst nicht mehr auf allgemeingültige Regeln, auf gesellschaftliche Idealvorstellungen und Traditionen verlassen. Selbst ihrer Intuition wagen sie kaum mehr zu trauen – denn wie in allen Lebensbereichen haben sich auch in der Erziehung die Experten und Wissenschaftler immer stärker eingemischt. Ihre Ratgeber lesen sich teilweise wie psychotechnische Anleitungen zu Kommunikation und Verhaltenssteuerung. Trotz – oder gerade wegen – diese Expertenhilfe wissen Eltern heute weniger als zuvor, was richtig und was falsch ist. Denn zu widersprüchlich sind die Methoden und Vorgaben der Erziehungs-Profis.

Aber vielleicht müssen Eltern auch gar nicht mehr so genau wissen, wie sie loben oder tadeln, Grenzen setzen, bestrafen und anleiten sollen.

Ihr Autoritätsverlust könnte sogar eine Chance sein und das Eltern-Kind-Verhältnis neu begründen. Eltern müssen sich nicht mehr aufopfern für ihre Kinder, und sie müssen auch nicht mehr die allwissenden Kapazitäten in jeder Lebenslage sein. Sie müssen keinem Erziehungsideal nacheifern – und könnten so, befreit auch von Schuldgefühlen und Versagensängsten, ganz sie selbst sein. Diese neue Ehrlichkeit und Authentizität wäre der Beginn einer neuen Beziehung zwischen den Generationen, getragen von wechselseitigem Verständnis und von der Nachsicht für die Schwächen des anderen.

Immer wieder neue Gestalt annehmen

Zwischen Auflösung und Konfusion, zwischen Freiheit und bedrückender Optionsvielfalt muß sich das postmoderne Ich formen. Es muß Modelle der Anpassung, des Überlebens suchen – als ein »verflüssigtes« Ich, das sich seine Ziele und Werte selbst konstruieren muß. Aus den Restbeständen der alten Normen und Sinngebungen kann es einiges in die neue Epoche hinüberretten, aber es ist ihm bewußt, daß sie nicht mehr weit tragen werden. Ob es um Kindererziehung, um Arbeitsorganisation oder um die Lösung globaler Konflikte geht – wir können uns immer weniger auf Tradiertes verlassen. Wenn wir uns andererseits nicht in ständigen Ad-hoc-Lösungen verheddern wollen, sind sicher einige neue Sinnsysteme mit zumindest mittlerer Tragweite unerläßlich. Die entscheidende Frage wird sein: Wieviel Beliebigkeit, Relativität und Freiheit erträgt der Mensch, und wieviel Stabilität, Zusammenhang und Kontinuität braucht er?

Der neue »Proteus« an der Schwelle zum nächsten Jahrtausend ist eine dialektische Figur – er existiert als Mischung aus Flexibilität, funktionaler Klugheit und dem Streben nach zumindest minimaler Gestalt. Dieser »proteische Charakter« lernt allmählich, mit seinen eigenen

Widersprüchen und Inkompatibilitäten umzugehen. Seine Identität wird nie wieder »aus einem Guß« sein, sie gleicht vielmehr jenen »Patchworks« oder Quilts, den aus vielen Stoffresten und Einzelstücken zusammengenähten, kunstvollen Stoffarrangements, die inzwischen eine eigene Kunstform darstellen.

2. Kapitel

WO BIN ICH?

Das entgrenzte Selbst in einer grenzenlosen Welt

Nach Jahrhunderten der Entwöhnung
von den Techniken der Lebensführung
scheint das Individuum nicht mehr
in der Lage zu sein, den Alltag
selbst zu bewältigen, die Zeit selbst
einzuteilen, den Raum des Lebens zu
erschließen, die Formen des Lebens
selbst zu finden, die ihm lange täglich
und von umfassenden Autoritäten
vorgeschrieben worden sind.

(Wilhelm Schmidt, *Auf der Suche nach
einer neuen Lebenskunst*)

»Jene Postmoderne, die das Lebensgefühl der fortgeschrittenen Industriegesellschaften ausmacht, ist im Grunde nichts anderes als der wiewohl verzerrte Ausdruck der auf den eigenen Begriff gekommenen, ihm jedenfalls nahegerückten offenen Gesellschaft: Eine Welt, in der auch die moralischen Horizonte offen sind, wo alles geht und das heißt zugleich, nichts wirklich wichtig ist; in der die Laune über die Norm triumphiert und eine Generation von Erben mit dem Vermächtnis mühsam erworbener Prinzipien ein fröhlich-verzweifeltes Feuerwerk veranstaltet, dessen Glut die Reichtümer wie die Wahrheiten dahinschmelzen läßt.«

Dieses pessimistische Grundgefühl, daß alles irgendwie den Bach runtergeht, hier von Joachim Fest im Bilde eines großen pyrotechnischen Finales dargestellt, ist natürlich das Resultat einer ambivalenten Entwicklung: Das enggeschnürte Korsett, in das Wissenschaft und Gesellschaft eingezwängt waren und das ihnen Form und Halt gab, ist nicht nur gelockert, es ist in einem Freudenfeuer verbrannt worden. Paul Feyerabend hat die Gleichwertigkeit unterschiedlichster Wege zur Erkenntnis propagiert und die Selbstgefälligkeit des westlichen Wissenschaftsbetriebs und sein Überlegenheitsgehabe kritisiert: »Anything goes«, alles ist erlaubt. Niemand kann behaupten, über bessere, gescheitere, moralischere Lebensformen zu verfügen. Es gibt nur andere, sehr unterschiedliche Formen, und sie stehen gleichwertig nebeneinander.

Dieses zunächst nur erkenntnistheoretische Programm ist heute gegen Ausgrenzungen aller Art, gegen Hierarchien und Dogmen in allen Lebensbereichen gerichtet. Exemplarisch läßt sich das an einem Bereich verdeutlichen, der wie kaum ein anderer unser Leben beeinflußt: der Wirtschaft.

In der Wirtschaft, vor allem in den großen multinationalen Konzernen, aber auch in den Nationalökonomien und im Management sind die Entgrenzungen besonders weit fortgeschritten. Das Verschwinden von Mauern und Grenzen zwischen Weltteilen und politischen Systemen und das Zusammenwachsen von Staaten und Erdteilen zu riesigen Wirtschaftseinheiten werden häufig als ein unumkehrbarer Prozeß der Globalisierung beschrieben. Die Ströme von Waren und Gütern, von Hardware und Software, von Informationen und Ideen sind kaum noch durch physische Mittel oder durch politische Unterdrückung zu unterbinden, auch wenn hin und wieder ein Regime seine Untertanen zwingt, die Parabolantennen von den Dächern abzumontieren, oder mit Embargos, Boykotts und ähnlichen antiquierten Instrumentarien versucht, seinen nationalen Willen durchzusetzen.

Wie wirkt sich diese Globalisierung – deren Motor vor allem der Welthandel ist – auf Organisationen und Individuen aus? Geradezu modellhaft läßt sich an diesem zunehmenden Entgrenzungsprozeß zeigen, wie ambivalent die Veränderung hin zu mehr Bewegungsfreiheit sein kann und welche Dilemmata auftauchen, wenn sich vormals physisch abgesicherte Hierarchien und Mächte bequemen müssen, die Tatsache der verschwindenden Grenzen anzuerkennen.

Die Dezentralisierung von Macht

Vier große Veränderungen haben in den letzten Jahren und Jahrzehnten stattgefunden, Machtverschiebungen, die zu Lasten alter Mächte und Organisationen gingen, die von starren Grenzen und Hierarchien profitiert hatten:

– *Die Verschiebung hin zu größeren Wahlmöglichkeiten des einzelnen*: Konsumenten und Kunden üben heute mehr Macht aus als jemals zuvor in der Geschichte. Wie nie zuvor müssen sie umworben, informiert und gepflegt werden – denn sie können jederzeit auf andere Angebote ausweichen. Verbraucher sind unberechenbar, kritisch und launisch geworden, sie verfügen – wenn sie davon Gebrauch machen – über die Macht, Produkte verschwinden oder erfolgreich sein zu lassen, sie beginnen, sich zu organisieren und Einfluß auf die Produktion zu nehmen, sei es aus ökologischen oder ethischen oder auch ganz persönlichen Motiven. Die Kampagne gegen den Shell-Konzern und seine »Entsorgungs«-Politik war wohl nur ein Auftakt. Patienten lösen sich von ihren angestammten Hausärzten und verhalten sich wie Kunden in einem medizinischen Supermarkt – sie prüfen verschiedene Angebote, auch die der alternativen Medizin, und machen ihre persönlichen Werte und Vorstellungen zum Maßstab für ihr Verbraucherverhalten.

– *Die Dezentralisierung der Macht*: Das alte, imperialistische Konzept der »Supermacht«, mit streng gegliederten Befehlshierarchien ist obsolet geworden – in Politik und Wirtschaft gleichermaßen. Die Idee eines »Hauptquartiers«, das zentralistisch alle wichtigen Entscheidungen trifft und jeden Vorgang lenkt, ist überholt. Komplexe Organisationen lassen sich nicht mehr nach dem Prinzip der Befehlspyramide führen. Wo multinationale Firmen noch solche Hauptquartiere aufrechterhalten, handelt es sich meistens um Fassaden, die Entscheidungen

fallen längst in dezentralen Gremien und Organisations-
teilen, »vor Ort«, ad hoc und flexibel. Nicht mehr die
Anhäufung von Macht an einem Ort und in wenigen
Händen garantiert das Überleben auf den Weltmärkten,
sondern die flexible Anpassung an lokale und regionale
Situationen. Die Leistung dieser dezentralen Einheiten
wird zum Maßstab des Erfolgs.

– *Die Verschiebung von deutlich abgegrenzten, abgeschotteten Systemen hin zu durchlässigen Systemen*, die
mit anderen Allianzen und Partnerschaften bilden können.
Keine Organisation, keine Gruppe kann heute auf Dauer
und erfolgreich ihre Arbeit, ihre Ideen, ihre Planung vor
anderen abschirmen – der Preis der Geheimniskrämerei
wird immer größer. Und das Risiko, wichtige Entwicklungen zu verpassen, weil allzuviel Energie auf Ab-
schottung und Geheimhaltung verwandt worden ist, steigt.
Immer weniger wird es eindeutige, »ideologisch reine«
Lösungen für wirtschaftliche und gesellschaftliche Probleme geben. Die Fähigkeit zum Austausch und zum
Kompromiß, zum *cross-over* von Ideen und Konzepten ist
eine Schlüsselqualifikation der Zukunft.

– *Die Zyklen von Innovation, Veränderung und Weiterentwicklung werden immer kürzer*: Es gibt keine ausge-
dehnten Plateau- oder Ruhephasen mehr. Das erfordert
ständige Diskussion in den Organisationen, produktive
Unruhe ist ein Dauerzustand, und heute erreichte Über-
einstimmungen stehen morgen wieder zur Disposition.
»Kreatives Vergessen« ist eine Voraussetzung für diese
Dynamik. Organisationen werden dabei aber tendenziell
instabil, und der Konsens, auf dem sie gründen, ist brü-
chig – auch er muß immer wieder neu gefunden werden.

48

Die neuen Tugenden: Flexibilität, Intuition, Lernbereitschaft

Aus diesen Entgrenzungtrends ergeben sich für die involvierten Menschen Anpassungsprobleme. Der durch Veränderung hervorgerufenen Verstörung und Beunruhigung wird nicht selten mit Verhaltensweisen begegnet, die auf neue Abgrenzungen hinauslaufen. In den folgenden Dilemmata kristallisieren sich solche Reaktionen:

– *Das Problem der Kontrolle:* Wer trifft die Entscheidungen? Wer trägt Verantwortung, wenn diese auf die vielen Schultern gleichberechtigter Partner verteilt wird? Wer definiert verbindliche Standards, wenn das nicht mehr das Privileg klar gegliederter Hierarchien ist? Das Verschwinden von eindeutigen Verantwortungen und Kontrollkompetenzen zwingt die prinzipiell gleichgestellten Mitglieder eines Teams oder einer Organisation dazu, sehr viel Energie in Überzeugungsarbeit zu investieren, sehr viel mehr Diskussion und Konfusion, Spannung und Streß auszuhalten. Die Teilhabe an der Entscheidungsmacht bringt neue Verantwortung mit sich, jeder einzelne wird angreifbarer, seine Leistung zum Gegenstand von Bewertungen seiner Mitkontrolleure, Allianzen und Zweckbündnisse werden wichtiger. Statt eines linearen »Berichterstattungssystems« von unten nach oben gibt es nun die neue Aufgabe, seine Auffassungen in einer Gruppe, in einem Netzwerk darzustellen, zu begründen und »zu verkaufen«.

– *Das Problem, die eigene Identität zu verlieren:* Wenn Hierarchien abflachen und Grenzen fallen, treten Unterschiede häufig erst richtig hervor: Die eigenen Werte, Ziele und Absichten stehen plötzlich auf einer freien Fläche der Diskussion – einsehbar, überprüfbar, kritisierbar. Die Unterschiede zu den anderen lassen sich deutlicher erkennen. Die eigene Identität, über Jahre und Jahrzehnte sorgfältig aufgebaut und gepflegt, nicht gestört und beunruhigt durch Diskussion und Kritik, steht jetzt »nackt« da. Sie muß sich mit der Relativierung von Werten und Zielen auseinandersetzen, die ihr nun aufgezwungen wird. Wenn Erfolg einmal bedeutet hat, nie mit jemandem reden zu müssen, der nicht einer Meinung mit einem selbst ist, so hat diese Verweigerung heute ihre Risiken. Trotzdem und gerade deshalb werden nun kleine Symbole und Reste der alten Identität wichtig, um nicht zu »verschwinden«: Die Franzosen bestanden darauf, daß das »e« in der »Concorde«, dem in Kooperation mit den Engländern gebauten Überschallflugzeug, blieb.

– *Die Pflicht zur Einfühlung:* Wer sich selbst plötzlich nicht mehr als »die Norm«, als Maßstab der Dinge betrachten kann, muß lernen, die Absichten und Signale anderer zu erkennen und darauf einzugehen. Wer kompromiß- und konsensfähig sein will, weil er von den Erfahrungen und Meinungen anderer profitieren kann, braucht verfeinerte soziale Sensorien. Das Lesen von Körpersprache, Mimik, Tonfall, das Verstehen von Metaphern und Anspielungen, von Ironie und sprachlichen Eigenheiten der anderen wird immer wichtiger. In einer männlich dominierten Wirtschaft waren diese Fähigkeiten bisher sehr unterentwickelt. Aber ein Boom an Weiterbildungsangeboten, an Techniken, um diese Antennen zu verfeinern (wie etwa das Neurolinguistische Programmieren), beweisen, wie sehr sich die Einsicht verbreitet hat und daß ohne diese Fertigkeiten bald nicht mehr auszukommen ist.

Frauen, die aufgrund ihrer Sozialisation sehr viel früher darauf programmiert werden, sich einzufühlen und beim Gegenüber subtile Signale zu lesen, haben nun plötzlich einen Vorsprung – ein Grund dafür, daß sich ihre Aufstiegschancen allmählich verbessern. Ähnlich wie Frauen haben auch – das zeigen internationale Untersuchungen – die Bürger kleinerer Länder Vorteile, wenn es darum geht, sich in Gesprächs- und Verhandlungspartner einzufühlen und ihre Absichten zu erkennen und zu verstehen. Schweizer, Luxemburger, Niederländer und auch zweisprachig oder bikulturell aufgewachsene Menschen verfügen ebenfalls über bessere Qualifikationen in komplexen Verhandlungen.

– *Die Notwendigkeit, auf dem laufenden zu bleiben:* Permanentes Lernen ist nötig, anstatt die einmal erworbene Information zu verteidigen: Die Beschleunigung der Veränderungen erzwingt ständiges Neulernen. Es reicht in der offenen Wirtschaftswelt nicht mehr aus, den einmal erreichten Informationsbesitzstand zu wahren und zu verteidigen. Erfahrungen und Traditionen behalten durchaus ihren Wert, aber nur dann, wenn sie im Lichte neu verfügbarer Informationen überprüft und gegebenenfalls modifiziert werden können. Der Zwang zu permanenter Weiterbildung wird für rigide, veränderungsresistente Menschen oft unerträglich, aber wer »mauert«, fällt in der Konkurrenz zurück. Wer dagegen das Leben als einen permanenten Fortbildungskurs akzeptiert, profitiert von der Chance, durch Lernen persönliche und gesellschaftliche Grenzen überwinden zu können.

– *Der Verlust an Sicherheit:* Die Entgrenzungen bedeuten einen Verlust an alten Sicherheiten: Eine Umwelt, in der so ziemlich alles im Fluß ist, macht liebgewonnene Gewohnheiten schnell obsolet. Regeln, Zuständigkeiten, Verbindlichkeiten sind dem Zwang zur Veränderung unterworfen, langfristige Bindungen und Verträge werden durch Ad-hoc-Regelungen und kurzzeitige Abkommen ersetzt. Was heute noch galt, kann morgen durch einen neuen Besitzer, durch eine neue Vereinbarung, durch die Revision alter Verträge ungültig gemacht worden sein. Viele, vor allem ältere Menschen, die noch mit langfristigen Arrangements und Lebensplänen aufgewachsen sind, stürzt dies in eine existentielle Verunsicherung.

Selbst die Grundlagen einer individuellen Lebensplanung werden durch die entfesselnde, entgrenzte, »deregulierte« Wirtschafts- und Sozialordnung gefährdet. Gleichzeitig sind die Organisationsformen, die sich dieser Veränderung und »Flexibilisierung« entgegenstemmen, geschwächt. Selbst Gewerkschaften, traditionell die Garanten für ein Mindestmaß an Absicherung, verändern ihre Rolle, werden zu Interessenwahrern immer kleinerer Gruppen der noch anpassungsfähigen, noch qualifizierten Mitglieder.

– *Das Problem der Bindungslosigkeit:* Identität und Loyalität werden zu Fremdwörtern in einer entgrenzten Welt: Wo alles unsicher und veränderbar geworden ist, erscheinen persönliche Bindungen an Personen oder Organisationen als riskant, ja sogar als dumm. Es ist kurzsichtig, auf Kontinuität und Stabilität zu vertrauen, wie immer mehr Arbeitnehmer gerade in multinationalen Firmen erfahren mußten. Staatlicher Protektionismus, also die Errichtung neuer Grenzen und Wälle, ist eine mögliche Antwort auf diese Tendenzen. Politischer und religiöser Fundamentalismus sind andere Formen, um ein Mindestmaß an Identität und Loyalität zu retten. Die Rückkehr zu lokalen und regionalen Einheiten des Arbeitens und Lebens, Nationalismus und neuer politischer Dogmatismus sind Gegenbewegungen zur postmodernen Welt der Beliebigkeit, Kurzfristigkeit und Unsicherheit.

Bewußtseinssprünge im globalen Dorf...

Mehr noch als Wirtschaft und supranationale Organisationen haben die Medien unsere Welt zu »einer Welt« gemacht. Es scheint, als lebten wir wirklich schon im »globalen Dorf«, das Marshall McLuhan prophezeite. Zumindest rhetorisch wird es beschworen: Der Erfinder und

Besitzer des Cable News Network (CNN), Ted Turner, der sich auch als Motor einer weltweiten Informationsrevolution sieht, führte in seinem Sender folgende Sprachregelung ein: »Es gibt bei CNN kleine Strafen für die Benutzung des Wortes ›ausländisch‹, wenn über andere Länder oder Menschen dieses Planeten gesprochen wird. Ich glaube, daß wir alle Nachbarn sind, anstatt von Außenpolitik sollten wir von ›internationaler‹ Politik reden, das Wort ›ausländisch‹ hat für mich einen schlechten Beigeschmack, denn es heißt doch ›irgendwo anders‹. Nun, vor Hunderten von Jahren, da gab es wirklich Aus-Länder...«

Sicher ist in den letzten Jahren das Bewußtsein dafür gestiegen, daß diese Welt *eine* Welt ist, ein empfindlicher, zerstörbarer Planet, und daß es uns alle etwas angeht, was in den anderen Erdteilen passiert – »Weltinnenpolitik« heißt die Parole vor allem dann, wenn es um ökologische und damit eng verknüpfte wirtschaftliche Probleme geht.

Das Bild des »globalen Dorfes«, wie es Marshall McLuhan in den sechziger Jahren entworfen hatte, trifft in mancher Hinsicht die Realität sehr genau: Dörflich ist es, daß Millionen und Milliarden Menschen sich so verhalten, als würden sie alle in ein gemeinsames Lagerfeuer starren. Es gibt tatsächlich Ansätze eines »einzigen Bewußtseins«, wie McLuhan optimistisch gehofft hatte. Indem nämlich das elektronische Zeitalter dem hochentwickelten, auf Schriftkultur basierenden Westen nun wieder »mündliche Überlieferungen und Stammes-Kultur« (McLuhan) beibringt, wird die ganze Welt zu einem einzigen, globalen Stamm. Alle schauen sich dieselben Fernsehserien an, in Korea ebenso wie in Afrika oder Kalifornien.

McLuhan sah in dieser Entwicklung ein willkommenes Gegengewicht zur individualisierten Kultur der westlichen Industriestaaten, in denen die Menschen immer stärker um sich selbst kreisen. Nun gebe es etwas Großes,

Gemeinsames, nämlich die weltweite Fernsehkultur. Und die stütze nicht die Selbstzentriertheit des westlichen Individuums – im Gegenteil, sie öffne ihm die Augen für das Andere, Fremde und befördere so das Bewußtsein, nicht der Maßstab aller Dinge zu sein.

Hat das elektronische Lagerfeuer wirklich ein Weltbewußtsein, ein Gefühl der Zusammengehörigkeit geschaffen? Ist die mediale Entgrenzung, die uns den letzten Winkel der Erde allabendlich ins Haus holt, schon ein Wert an sich? Der serbische Heckenschütze in Sarajevo schaut sich vielleicht noch die neueste Folge der »Golden Girls« an, bevor er sich wieder an sein blutiges Handwerk macht – und erschießt eine halbe Stunde später einen Menschen, der die gleiche Sendung gesehen hat. Es reicht für einen Bewußtseinssprung offenbar nicht, Globalität im Konsum zu erreichen, in der Verfügbarkeit der gleichen Bilder und Informationen an jedem Ort der Welt. Die von McLuhan und anderen erhoffte Bewußtseinsveränderung ist bisher – wenn überhaupt – nur sehr geringfügig in die gewünschte Richtung vorangekommen.

... oder nur eine Trance-Formation?

Die Entgrenzung der Welt durch die elektronischen Medien, vor allem durch das Fernsehen, hat tatsächlich sehr viele Informationsgrenzen beseitigt und psychische und soziale Veränderungen in Gang gesetzt, aber sie hat unser Weltverständnis auch überfordert: »Die Potentiale fluten frei im Äther, auf den Bildschirmen, in der Wirklichkeit. Es herrscht ein atemberaubendes Tempo und Durcheinander, eine Hyperaktivität, in der alles Bisherige, die versunkenen Kulturen, die erloschenen Traditionen, die in der Gegenwart ausgebreiteten Möglichkeiten, die Erzählungen und Erzählungen über Erzählungen, die erträumten, erhofften, phantasierten und erwünschten Zukünfte, zusammenfließen. Die Welt erscheint wie neutralisiert und gleichzeitig stimuliert, Optionen zu realisieren und Differenzen zu verringern.« Peter Gross, der so das Dilemma der »Multioptionsgesellschaft« beschreibt, stellt gleichzeitig die Frage, ob hinter diesen Entgrenzungs- und Beschleunigungsprozessen nicht auch finstere Mächte zu vermuten sind: »Wie eine Plastikhaut spannt sich ein telematisches Gewirr von ätherischen Stimmen um die Erde, deren musikalische Grundfigur der Marsch ist. … Uns wird der Marsch geblasen. Von wem? Existiert ein geheimes Programm, ein Katechismus des Fortschritts? Wer und zu welchem Zweck betreibt denn die Temposteigerung, die Flexibilisierung und technische Aufrüstung…? Woher rührt dieser expansive, polemische und despotische Welt-, Menschen- und Selbstverbesserungszwang? Und warum macht die ganze Welt mit?«

Die schieren Massen von Bildern und Informationen, das sich steigernde Tempo ihrer Präsentation, ihre immerwährende Verfügbarkeit, ihr Nebeneinander und Gegeneinander verändern die Psyche der »Dorfbewohner« grundlegend. Sie machen sie nicht auf Anhieb friedlicher, verständnisvoller, brüderlicher, wie es das Bild vom »Lagerfeuer« suggeriert. Die Wirkung der elektronischen Medien ist eher zwiespältig: Sie vermehren unsere Kenntnisse über die Welt, wir haben alles schon einmal »gesehen«, und wir glauben, Probleme und Zusammenhänge weltweit zumindest in groben Zügen zu durchschauen.

Gleichzeitig lähmt und verwirrt die Vielfalt dieser Informationen, denn sie neutralisieren sich gegenseitig, werden allmählich zum weißen Rauschen und verstärken Ohnmachtsgefühle und Zynismus. Und für eine wachsende Zahl von Konsumenten wird das Fernsehen tatsächlich zu einer Lagerfeuer-Veranstaltung: Es versetzt die Zuschauer in eine Trance, die so etwas wie Selbstvergessenheit bewirkt – wenn auch nicht in dem Sinne, wie sie sie McLuhan erhofft hatte.

Indem wir zu Mitgliedern eines globalen Tele-»Stammes« werden, verkümmern auch unsere Beziehungen in der sozialen Realität. Viele Kinder kennen die Eigenheiten von »Alf« inzwischen besser als die ihrer Eltern, sie fühlen sich emotional stärker zu den Serienhelden und Figuren ihrer Lieblingssendungen hingezogen als zu Freunden und Familie. Schließlich verkümmern nicht nur die sozialen Kontakte in der Wirklichkeit, sondern auch die Körper der stundenlang vor dem »Lagerfeuer« Sitzenden.

Das dumpfe Gefühl: »Shit happens«

Das Symbol des entgrenzten und zugleich scheinbar selbstbestimmten Medienkonsums ist die Fernbedienung des Fernsehapparates. Die neue Kulturtechnik des Zappens macht jeden Zuschauer zum Regisseur seines täglich mehrstündig ablaufenden Programms. Dieser zusammengezappte Film ist eine Collage aus Bild- und Informationselementen, eine durchaus noch bewußte und nach subjektiven Bedürfnissen bestimmte Strategie, um dem Überangebot des Mediums zu begegnen. Aber der langfristige Effekt ist die buchstäbliche Gleichschaltung allen und jeden Inhalts, wie es Neil Postman in seinen Büchern so nachdrücklich beschrieben hat. Alles verschwimmt, alles ist letztlich gleichwertig, nichts ist wirklich wichtig.

Die meisten Videospiele des bei Kindern und Jugendlichen schon zum Kultobjekt gewordenen Nintendo-Systems basieren auf Gewalt, Aggression und Zerstörung.

Das häufigste Szenario solcher Spiele besteht darin, daß irgendeine anonyme Figur andere anonyme Figuren – Monster, Krieger, »Feinde« – zerstört, und zwar in endlosen Serien von aggressiven Manövern. In solchen Spielen gibt es kein »Warum«, keine Alternativen zum Vernichten oder Vernichtetwerden, keine Teams. Jeder ist auf sich gestellt im Kampf ums »Überleben«.

Ein wahrscheinlich unterschätzter Effekt des grenzenlosen Medienkonsums ist das Verschwinden von Verantwortlichkeiten. Wenn so vieles, so viel Unterschiedliches gleichzeitig geschieht, wenn alle recht haben und ihre Meinung auch gleichberechtigt propagieren können, verschwindet allmählich das Gefühl für Zuständigkeiten – wer hat was aus welchem Grund verursacht? Wer »steckt« hinter dem ganzen, wer bläst – um es in Gross' Worten auszudrücken – uns den Marsch? Es breitet sich allmählich ein diffuses Gefühl der Fatalität aus, wie es in dem Autoaufkleber, der in den achtziger Jahren in den USA plötzlich aufkam, ausgedrückt ist: »Shit happens!« Scheißdinge geschehen, und niemand ist mehr so richtig haftbar dafür. Zumindest für das große Ganze gibt es keine benennbaren Wohl- oder Übeltäter mehr, nicht den Papst, nicht Carlos, nicht den US-Präsidenten, nicht das Reich des Bösen oder den Kapitalismus, nicht CIA oder KGB, irgendwie sind sie alle gleich schuldig, mitschuldig an den Schlamasseln dieser Welt.

Aber zum Glück müssen wir uns ja nicht mit der Suche nach Ursachen und Wirkungen aufhalten, wir können in einer Millisekunde aus Burundi und Bosnien verschwinden – mit einem leichten Druck auf die Fernbedienung katapultieren wir uns in die Welt der Unterhaltung und Zerstreuung.

So zeitigt die Entgrenzung durch die elektronischen Medien, die Schrumpfung der Welt zum globalen Dorf, schließlich eine Regression – ein Zurückfallen auf primitivere, unreifere Rezeptionsmuster. Die Welt wird wieder – so wie sie es für Kinder ist – zur verwirrenden, unübersichtlichen Kulisse der eigenen Existenz, und wir flüchten uns nur allzugerne in konfliktfreie und problemlosere »Programme«.

Statt eines Weltbildes – Bilder aus aller Welt

Was bedeutet es für die Psyche des einzelnen, für das Selbst eines Menschen, grenzenlosen Informationsmöglichkeiten und -zwängen ausgesetzt zu sein? – Der legendäre Graf Bobby staunte noch: Es sei doch eine höchst erstaunliche Sache, daß jeden Tag auf der Welt gerade so viel passiere, wie in die Ausgabe der Zeitung paßt. Der Beschränktheit dieses »Weltbildes« entsprach die Beschränktheit des Printmediums Zeitung in idealer Weise. Graf Bobbys Medientheorie läßt sich aber auch noch auf die fünfzehn Minuten der »Tagesschau« anwenden: Auch sie funktioniert nach dem Prinzip der »forced choice in a closed system«: Die Welt und ihre Ereignisse werden durch Redaktion, durch Auswahl und Bearbeitung passend gemacht für einen begrenzten Zeitraum, der für Präsentation und Konsum – in diesem Falle von Nachrichten – vorgegeben ist.

Aber dieses Redaktions-Selektions-Modell der Informationsvermittlung gilt in einer entgrenzten Welt der tendenziell immer dissonanteren, kakophonischen Informationsvermittlungen nicht mehr. Information und Kommunikation finden immer weniger in begrenzten und portionierbaren Einheiten statt. Aus dem Generalanzeiger für die gebildeten Stände, dem Intelligenzblatt, der Gartenlaube sind Tausende von pfundschweren Zeitungen und Zeitschriften geworden, deren Zahl und Umfang ständig weiter wächst. Ganz zu schweigen von den elektronischen Medien: In Deutschland gibt es neben der Tagesschau bereits zwölf weitere Nachrichtensendungen, dazu gehören spezialisierte Nachrichtensender, die rund um die Uhr einen unablässigen Strom von Ereignissen (und Pseudoereignissen) senden. Die Bilder aus aller Welt beginnen allmählich, das individuelle Weltbild zu ersetzen.

Wir haben uns angewöhnt, von »Informationsflut« und »Informationsexplosion« zu sprechen, vage Metaphern für die ungeheuerliche Vervielfältigung und Beschleunigung von Kommunikation, wie sie durch die neuen Techniken ermöglicht werden. Herstellung, Vertrieb und Verkauf von Informationen sind heute die weltweit größten Wachstumsbranchen. Aus der Gutenberg-Galaxis einer »langsamen« Schriftkultur wurde das vernetzte globale Mediendorf.

Der Weg in die entgrenzte Informations- und Kommunikationsgesellschaft begann in diesem Jahrhundert – zunächst mit einer Phase, die aus heutiger Sicht als Low-Tech- und Low-Speed-Ära erscheint. In dieser Vor-Zeit waren die wichtigsten Erfindungen und Techniken das Auto, das Telefon, das Radio, der Film, das Tonbandgerät.

Nach dem Zweiten Weltkrieg und in den fünfziger Jahren begann die High-Tech- und High-Speed-Phase mit dem Fernsehen, dem Computer, der Videokamera, dem Faxgerät, dem Mobiltelefon, den Nachrichtensatelliten und dem Massentourismus per Flugzeug. Die traditionellen Medien wie Bücher und Zeitschriften profitierten von stark verbesserten und beschleunigten Herstellungs- und Verbreitungsmöglichkeiten. Die Zahl der Bücher beispielsweise, die in den Bibliotheken zur Verfügung stehen, verdoppelt sich alle vierzehn Jahre.

Die Verknüpfung und Vernetzung zwischen den einzelnen Medien vervielfältigten die Möglichkeiten noch einmal: Electronic mail, Faxgeräte, Desktop-Publishing,

Bildschirmtexte, virtuelle Realitäten im Cyberspace, Multimedia-Entwicklungen, Informations-Highways und so weiter. Neue Speichermedien wie Anrufbeantworter, Videorecorder, Computermailing erweitern die Informationsspielräume. Der einzelne muß diesen wachsenden Möglichkeiten, die er zunehmend auch als Zwang zur Teilnahme und Informationsaufnahme empfindet, mit neuen Formen des Informations- und Mobilitätsmanagements begegnen.

Die Psyche besitzt keine Knautschzonen mehr

Es wäre eine Illusion zu glauben, sich der verändernden Kraft dieser entgrenzten Welt, die zudem mit immer neuen medialen und virtuellen Welten und Wirklichkeiten verschmilzt, entziehen und quasi autark der Beschleunigung und Vervielfältigung trotzen zu können. Die Medienwelt zieht uns unweigerlich in den Strudel von Bildern, Fakten und Daten, und es kommt darauf an, wie der einzelne den Kopf oben behalten und das Ertrinken verhindern kann.

Hans Magnus Enzensberger hat in einem Essay darauf hingewiesen, daß bereits eine Ausgabe der »Bild«-Zeitung – eines Mediums, das er an anderer Stelle als »Null-Medium« bezeichnet wegen der Belanglosigkeit und Überflüssigkeit der Informationen – so viele Fakten und Neuigkeiten enthält, wie sie sich ein Gebildeter früherer Jahrhunderte in einem ganzen Jahr nicht verschaffen konnte. Das Weltwissen eines noch so oberflächlichen »Bild«-Lesers wäre demnach differenzierter und gleichzeitig umfassender als das eines Stubengelehrten des 18. Jahrhunderts.

Die »Bild«-Zeitung ist jedoch längst nicht das Maß aller Rezeption. Für Anspruchsvollere bietet eine einzige

CD-ROM-Diskette das Wissen ganzer Lexika, verfügbar und abrufbar auf dem eigenen PC. Das weltweit verfügbare Wissen verdoppelt sich im übrigen alle fünf Jahre und macht immer verfeinertere Speicher-, Such- und Verarbeitungstechniken nötig.

Die potentielle Verfügbarkeit der Informationen, ihre Verdichtung vor allem in Bildern, stimuliert Ängste und Wünsche. Sammel-, Speicher- und Überblicksangebote, um die Informationsflut bewältigen zu können, sind zu neuen Branchen ausgewachsen. Denn das menschliche Gehirn ist nach wie vor nur zu mäßigen Speicherleistungen in der Lage, und seine Verarbeitungskapazität ist – allen Computeranalogien zum Trotz – nur sehr begrenzt. In einigen Experimenten konnte beispielsweise gezeigt werden, daß schon fünf Minuten nach Ansehen einer Nachrichtensendung sich die meisten Zuschauer nur noch an wenige Meldungen erinnern und davon wiederum nur Bruchteile sinngemäß oder inhaltlich richtig wiedergeben können. Außerdem haben wir gelernt, daß wir nichts wirklich »behalten« müssen – denn es ist ja irgendwo für uns gespeichert und verfügbar. Externe Gedächtnisspeicher ersetzen immer mehr die Gedächtnisleistungen des Gehirns. Das muß jetzt »frei« bleiben für die Such- und Ordnungssysteme…

Neben das kognitive Problem der Informationsaufnahme und -verarbeitung tritt ein psychosoziales. Zeit und Raum sind kaum noch Hindernisse für die menschliche Mobilität – Massentourismus, internationale Geschäftsbeziehungen, schnellere und billigere Verkehrsmittel ermöglichen eine Vielzahl von Beziehungen und Kontakten zu anderen Menschen. Unsere Kalender füllen sich mit privaten und beruflichen Terminen, von unserem Anrufbeantworter erfahren wir, wer uns sprechen wollte, als wir nicht da waren, das Faxgerät schaltet uns kurz mit den Wünschen und Gedanken einer Vielzahl von Personen.

Viele glauben, heute ohne ein »Handy« abgeschnitten zu sein von wesentlichen Informationsquellen. Wie viele solcher Kontakte und Beziehungen können wir meistern, ohne uns dabei zu überfordern? Wie werden wir mit der neuen Unmittelbarkeit fertig, die uns die neuen Kommunikations- und Informationsmedien aufnötigen? Es gibt kaum noch zeitliche und räumliche »Pufferzonen«, in denen man sich auf solche Begegnungen vorbereiten oder sich vor ihnen schützen kann. Die Psyche besitzt keine abschirmenden Wände, Vorgärten und Zäune mehr. Sie ist unablässig damit beschäftigt, sich mit Ideen, Vorschlägen, Informationen, Bildern, Wünschen auseinanderzusetzen, die an sie herangetragen, nein – herankatapultiert werden.

Kann das einzelne Ich, kann der Mensch in der entgrenzten, entfesselnden Medien- und Informationsgesellschaft überleben wie eine Art idealer Gesamt-FDP: ständig nach allen Seiten offen? Mit anderen Worten: Gibt es einen Sättigungspunkt für die Psyche? Was bedeutet es, wenn das Ich überflutet und übervölkert wird von realen und fiktiven Personen, von fremden Phantasien und weit entfernten Katastrophen, von Sexualität, Grausamkeit, von den Modellen und Skripten eines »besseren Lebens«, wie sie Werbung und Konsumwelt vorgaukeln, von irritierenden Widersprüchen in Politik, Kultur und Philosophie?

Die Informationsneurose: Zwar weiß ich viel, doch muß ich alles wissen!

Die Informationsneurose breitet sich aus. Sie entspringt dem Gefühl, daß die Lücke zwischen dem, was wir verstehen, und dem, was wir glauben verstehen zu müssen, immer größer wird. Anders ausgedrückt: Die Informationsneurose entsteht durch die wachsende Kluft zwischen Informationsmenge und persönlichem Wissen, zwischen den Daten und dem Begriffenen. Die Informationsneurose befällt alle, die nicht mehr genau wissen, was sie wissen und was sie wissen müßten. Sie wird entfacht durch die Sorge, etwas Wichtiges für das eigene Ich, für das eigene Leben zu versäumen. Paradoxerweise werden besonders gut informierte Menschen eher von ihr befallen als weniger gut informierte. In vielen medizinischen oder naturwissenschaftlichen Forschungsprojekten muß heute längst mehr Zeit darauf verwendet werden, durch Literaturrecherchen abzuklären, ob ein Experiment schon einmal so oder so ähnlich auf der Welt durchgeführt wurde, als auf das Experiment selbst.

Die Informationsneurose ist inzwischen schon ein ganz alltägliches Phänomen – sie tritt beispielsweise auf,

– wenn wir am Freitag immer noch nicht den »Spiegel« vom Montag ausgelesen haben;

– wenn wir in einer Diskussion passen müssen, weil wir einen Artikel, den »man« gelesen haben muß, nicht kennen;

– wenn wir das dumpfe Gefühl haben, eine Gebrauchsanweisung nicht richtig verstanden zu haben – für einen Videorecorder, für eine neue Kamera, für ein Küchengerät. Deshalb, so wird uns schmerzhaft bewußt, können wir all die vielen Möglichkeiten dieser Anschaffung gar nicht nutzen, bleiben hinter den Möglichkeiten des Gerätes zurück;

– wenn wir die Bedeutung vieler Informationen, die sehr wichtig zu sein scheinen, nicht mehr einschätzen können: Was bedeutet die Erhöhung des Lombardsatzes, welche Teile der Maastrichter Verträge müßten nachgebessert werden, wie entsteht das Ozonloch wirklich, welche Vitamine müssen wir in welchen Mengen gegessen haben, damit sie gesund sind – und wann wirken sie eher schädlich?

Um sich vor der Informationsneurose zu schützen, kann Informationsverweigerung, die mitunter auch in Informationsvernichtung übergeht, eine selbstschützende Reaktion sein. Alles was langweilt oder überfordert, weil es erkennbar Informationsmüll ist oder aber nicht verstanden werden kann, läßt sich ohnehin ignorieren und ausblenden. Der Walkman ist nach Selbstauskunft von Jugendlichen nicht so sehr ein Gerät des Musikgenießens, sondern vor allem des Sich-Abschottens gegen eine überfordernde, informationsüberladene Außenwelt. Und erleichtert stellen viele nach einem dreiwöchigen Urlaub im Ausland fest – dort, wo ihre gewohnten Informationsmedien sie nicht erreichen konnten –, daß sie nach der Durchsicht der inzwischen angehäuften Zeitungs- und Zeitschriftenstapel zu Hause nichts wirklich verpaßt haben.

Der Systemtheoretiker Fritz Simon plädiert für eine »positive Ignoranz« als Strategie gegen die Informationsflut. Das bedeutet, daß die Informationsbeschaffung und -aufnahme egozentrischer werden muß: Wir müssen lernen zu wissen, was wir nicht wissen müssen, wir müssen begreifen, daß ein Übermaß an Informationsaufnahme die eigene Kreativität und Kraft erstickt.

Die Welt mit anderen Augen sehen

Weil Informationsquellen und Kommunikationsmöglichkeiten exponentiell zunehmen – und damit auch die Zahl der verbreiteten Sichtweisen, Meinungen, Weltbilder und Lebensstile – und weil es in diesem unendlich dimensionierten Informationsraum kaum ausreichende Navigationshilfen gibt, relativieren sich die Informationen wechselseitig: Zu jedem Statement gibt es ein Dementi, zu jedem Gutachten ein Gegengutachten, jedes glänzende Argument in einer Diskussion wird durch ein brillanteres Gegenargument gekontert, jede Autorität wird durch den Auftritt oppositioneller Autoritäten demontiert. Jeder hat irgendwie recht, die Welt erscheint kompliziert und unübersichtlich – und ist im Grunde nicht mehr zu verstehen. Das Wichtige ist im Unwichtigen versteckt. Und selbst unseren Augen können wir nicht mehr trauen – manche Nachrichten werden inzwischen »gemacht«: Scharmützel in den Krisengebieten dieser Welt oder Demonstrationen und Schlägereien bei uns werden von Kamerateams für die Abendnachrichten inszeniert und bezahlt. Was ist noch echt, wenn selbst die Bilder lügen können? Aus der Überinformation wird eine gigantische Desinformation. Weil alles gleichzeitig und gleich-wertig erscheint, wird es allmählich auch gleich-gültig. Zynismus, Nihilismus, Pessimismus und Passivität sind oft beklagte, aber systematisch erzeugte Reaktionen auf diesen Relativismus der Medienwelt.

Das allmähliche Verschwinden von Kommunikations- und Informationsbarrieren hat aber auch dazu geführt, daß wir die Welt buchstäblich »mit anderen Augen« zu sehen lernen. Das Individuum, das fernsieht, wird immer stärker aus seinen traditionellen Gruppenzugehörigkeiten herausgelöst; indem es als Zuschauer und Zeuge an einem größeren Ganzen teilnimmt, verliert es – schon aufgrund der Zeitinvestition – unmerklich seine Bindungen an soziale Gruppen, ja selbst an die Familie. Der Zuschauer wird Mitglied zahlloser anderer Gruppen, lernt deren Perspektive kennen.

Perspektive und Perspektivenwechsel sind die subtilsten Mittel schon der Kinoverführung gewesen: Indem wir in einem Mafia-Film wie etwa dem »Paten« quasi zu Angehörigen des Corleone-Clans werden, beginnen wir, die Welt mit dessen Augen zu sehen, wir leiden mit, wir identifizieren uns, finden die Gangster geradezu sympathisch und freuen uns sogar mit ihnen, wenn sie Polizisten töten.

Und so geschieht dies dem Fernsehzuschauer Hunderte und Tausende Male – er lernt die Perspektiven zahlloser anderer Gruppen und Individuen kennen, einfach dadurch, daß er deren Perspektive für eine Zeitlang übernimmt. Natürlich sind diese Perspektiven für sich genommen jeweils sehr parteiisch, oft verzerrt, aber selbst in ihrer verwirrenden Vielfalt bewirken sie doch einen Lerneffekt: Der Betrachter erfährt, wie sich die Welt von anderen Orten, aus anderen Perspektiven ansieht, anfühlt. Schon die immer wieder vorgeführte Tatsache, daß es diese anderen Perspektiven überhaupt *gibt*, verändert das Bewußtsein. Der Blick aus dem »Nirgendwo« des Fernsehzuschauers wird zum Überblick, und es bilden sich neue, komplexere Weltbilder, die erst aufgrund eines solchen Überblicks entstehen können.

Leben im Glashaus: Nichts bleibt geheim

Der Medientheoretiker Joshuah Meyrowitz meint, daß wir unseren »Ortssinn« verloren hätten – wir sind unseren physischen Umwelten und den daran gebundenen sozialen Gruppen entfremdet. Gleichzeitig jedoch gewinnen wir neue Einsichten in größere Zusammenhänge, sehr viel direkter und unmittelbarer, als dies noch bei der überwiegenden sprachlichen Vermittlung durch Schrift oder Radio möglich war. Die neuen moralischen Weltinstitutionen wie Greenpeace, amnesty international oder die Internationale Friedensbewegung haben nicht zuletzt von diesem Perspektivenwandel profitiert – es wurde plötzlich möglich, ferne Bedrohungen zu erkennen, sich mit weit entfernten Menschen zu solidarisieren, größere Zusammenhänge zu sehen.

Der Blick der Kameras durchdringt alle Wände, mit denen noch bis vor kurzem die geheimen Räume von Macht und Autorität abgeschirmt waren. Weil nichts mehr wirklich verborgen bleiben kann, werden auch solche Personen und Gruppen »entzaubert«, deren Macht und Autorität bisher auf sorgfältig gehüteten Geheimnissen, auf Insiderwissen, auf abgeschotteten Hierarchien und Mythenbildung basiert haben. Neil Postman hat darauf hingewiesen, daß das von ihm beklagte »Verschwinden der Kindheit« vor allem darauf zurückzuführen ist, daß es in der Mediengesellschaft keine Geheimnisse, kein gruppen- und altersspezifisches Spezialwissen mehr gibt, das erfolgreich verborgen werden kann.

Der prinzipiell mögliche Zugang zu allen Informationen dieser Welt, ihre nahezu restlose Entschleierung und Entmystifizierung ist ein hochambivalenter Prozeß. Die Medienbeziehungen zu anderen Menschen konkurrieren mit den »lebendigen« realen Beziehungen, und letztere nehmen allmählich ab. Unsere psychologische und soziale Distanz zur Welt verringert sich zusehends, während die unmittelbaren Bindungen an unsere Nächsten sich lockern. Eine positive Auswirkung hatte diese Veränderung auf gesellschaftliche Gruppen, die früher mit einem physischen Ort identifiziert wurden – und nicht selten waren sie auf einschränkende Weise an diese Orte gebunden. Frauen, Arbeiter, von Informationen ausgeschlossene und auch sonst unterprivilegierte Randgruppen aller Art erhielten durch die neuen Medien »Zugang« zu anderen Lebensbereichen, aus denen sie ausgegrenzt waren. Sie erfuhren aber auch über Lebensbedingungen und Meinungen ihrer Leidens- oder Schicksalsgenossen und konnten diese Information allmählich dazu

nutzen, sich zu organisieren und ihre Interessen vorzu-
tragen.

Warum wir »cool« werden

Gleichzeitig ermöglichen die Kommunikations- und Informationstechniken eine Vermischung von Lebensbereichen und den »dazugehörigen« Gefühlen und Ansichten.
Joshuah Meyrowitz spricht von »synthetischen Verhaltensweisen«, die qualitativ anders sind als alle vorheri-
gen: »Wenn wir die Hochzeit unserer Tochter feiern und
es die einzige ›Erfahrung‹ des Tages ist, dann mag unsere Freude unbändig sein. Doch wenn wir auf unserem
Weg zur Hochzeit im Radio von einem verheerenden
Erdbeben hören oder von dem Tod eines populären Quiz-
masters oder der Ermordung eines Politikers, dann verlieren wir nicht nur einerseits unsere Fähigkeit, uns voll
und ganz zu freuen, sondern andererseits auch unsere
Fähigkeit, tief zu trauern. Die elektronische Kombina-
tion vieler unterschiedlicher Interaktionsstile aus getrenn-
ten Bereichen führt zu neuen Verhaltensweisen… die zwar
Elemente früher getrennter Rollen enthalten, doch selbst
auch neue Verhaltensmuster darstellen, die mit neuen Erfahrungen und Emotionen einhergehen.« Letztlich führt
diese ständig mögliche Vermischung von Lebensbereichen
dazu, daß sich extreme Gefühle und Verhaltensweisen
abschleifen, weil sie sich vermischen und gegenseitig
neutralisieren, eine mittlere Gefühlslage – »cool« – erweist sich als für die meisten gemischten Situationen als
angemessen.
  Dennoch gibt es natürlich die mehr oder weniger erfolgreichen Versuche, sich abzuschirmen: Der Medien-
mogul Kirch verweigert seit Jahrzehnten Interviews, und

auch sein Geldgeber Beisheim bleibt sorgsam verborgen im Hintergrund. Dieses Verhalten steht in krassem Widerspruch zur »Öffentlichkeitsarbeit« der meisten politischen und wirtschaftlichen Organisationen und ihrer Funktionäre. Um so anachronistischer wirkt dieses Verhalten – und es provoziert Spekulationen und immer neue Enthüllungsversuche, um die Mauer des Schweigens zu durchdringen (vielleicht mit dem Ergebnis, daß es keine wirklichen Geheimnisse gibt, außer denen, daß sich eine besondere Banalität hier mit skurril anmutenden Tarnversuchen interessant macht). Umberto Eco weist auf die Lächerlichkeit der Versuche hin, in der modernen Welt noch Geheimnisse haben zu wollen.

Jäger, Sammler und die Ekstasen der Kommunikation

Die Entgrenzung des physischen und psychischen Raumes durch die modernen Informations- und Kommunikationsmedien lassen uns der primitivsten sozialen und politischen Gesellschaftsform ähnlich werden – der Jäger- und Sammlergesellschaft. Jäger und Sammler sind Nomaden ohne feste Bindung an bestimmte Territorien, sie haben also – wie wir heute – keinen begrenzten »Ortssinn«, ihre Lebensweisen, ihre Gefühle und ihr Verhalten sind nicht an feste Bezirke, an ummauerte Räume oder sonstige physische Bereiche gebunden.

Diese Grenzenlosigkeit der nomadischen Existenz weist verblüffende Parallelen zum Leben in der elektronisch informierten und über riesige Distanzen kommunizierenden Gesellschaft von heute auf: Von allen bekannten Gesellschaftsformen vor unserer Zeit war die der Jäger und Sammler am egalitärsten. Die Unterschiede zwischen Führern und Geführten, zwischen den Geschlechtern, zwischen Kindern und Erwachsenen waren geringer als in späteren, sehr viel stärker hierarchisierten Gesellschaftsformen. Weil sich alle immer wieder an neuen Orten zurechtfinden mußten, weil alle Mitglieder eines Clans oder eines Stammes von Jägern und Sammlern wußten, wie es um die anderen bestellt war, konnte und mußte sich jeder ständig in die Angelegenheiten der anderen einmischen. Weil beispielsweise die Männer als Jäger keine private oder besondere Sphäre abgrenzen konnten von der öffentlichen, fiel es ihnen schwer, so etwas wie eine Aura oder Distanz aufzubauen, um sich durch Berufs- oder sonstige Geheimnisse von anderen Gruppenmitgliedern abzugrenzen oder sich sogar über sie zu erheben.

Auch die prinzipielle Offenheit aller Lebensbereiche in der nomadischen Gesellschaft verhinderte, daß Grenzen zwischen Altersgruppen und Geschlechtern entstehen konnten. Sexualität und Tod waren keine ausgrenzbaren Geheimnisse, Spiel und Wirklichkeit vermischten sich ebenso wie heute im elektronischen Zeitalter. Auch die Beziehungen zwischen Mann und Frau waren in der Jäger- und Sammlergesellschaft ähnlich »flexibel« und plastisch wie heute: Verbindungen wurden schnell geschlossen und ebenso schnell und unkompliziert wieder gelöst, vorehelicher Sex und serielle Monogamie waren so verbreitet, wie sie es heute wieder sind. Damals wie heute gab und gibt es nur wenige komplizierte und lang andauernde Riten, mit denen Übergänge in neue Lebensphasen eingeleitet werden – diese blieben späteren, seßhafteren Gesellschaften vorbehalten.

Und schließlich gibt es noch eine erstaunliche Parallele: So wie die Jäger und Sammler davon ausgingen, daß es »da draußen« immer genug zu jagen und damit zu essen gibt, so können wir heute davon ausgehen, daß Wissen und Informationen für uns »da draußen« ebenso unbegrenzt verfügbar sind, wir brauchen sie nicht zu horten und zu speichern. Alles Erjagte kann sofort konsumiert werden.

Das Gefühl, mit allen anderen Orten und Menschen nahezu distanzlos verbunden zu sein, ihre Ansichten, Geheimnisse und Verhaltensweisen zu kennen – also ihnen prinzipiell genauso »nahe« zu sein wie die Mitglieder eines Jäger- und Sammlerclans –, mag eine Ursache für »Verfall und Ende des öffentlichen Lebens« gewesen sein, wie es Richard Sennett beschrieben hat. Wir haben das Gefühl für »Distanz« verloren, das für Jahrhunderte und bis in die letzten Jahrzehnte hinein das soziale Leben bestimmte. Die »Tyrannei der Intimität« entsteht erst dadurch, daß die mediale Entgrenzung sich in alle sozialen Lebensbereiche hinein überträgt. »Wir nehmen nicht mehr am Drama der Entfremdung, sondern an der Ekstase der Kommunikation teil« meint Jean Baudrillard.

Zwischenbilanz: Gewinne und Verluste des Ichs am Ende des Jahrtausends

Die vielfältigen Entgrenzungen, die der einzelne erfährt, und die wachsende Erkenntnis, daß Stabilität und Kontinuität, Tradition und Verläßlichkeit schrumpfende Größen in seinem Leben sind, sind doppelgesichtig. Der Philosoph Wolfgang Welsch meint: »Ambivalenz ist das mindeste, womit man bei den gegenwärtigen Weltverhältnissen rechnen muß... Man kann keine einzige herausragende Erscheinung unserer Zeit diskutieren, ohne einer möglichen positiven Lektüre zugleich eine negative zur Seite stellen zu müssen.«

Diese Ambivalenz von allem und jedem hat ihren Preis. So stellt sich die Evolution der Psyche am Ende des Milleniums als eine Gewinn- und Verlustrechnung dar: Der

Zugewinn an Mobilität, Information, an Genuß- und Konsummöglichkeiten, an Lebensdauer und Entscheidungsfreiheit wird bezahlt mit psychischen Einbußen, dem Verlust von Fähigkeiten und Sicherheiten, aber auch von Unmittelbarkeit und unverstellter Welterfahrung.

Gefährdet, schwindend oder schon verlorengegangen ist im Zeitalter der medialen Vernetzung, der Omnipräsenz von Informationen und der Relativierung und Widersprüchlichkeit jeder Meinung, jeder Erkenntnis, jeder Lehre vor allem eines: der Sinn für Ursache und Wirkung – und damit auch für Verantwortung.

Stories ohne Sinn und Ziel: Die Herrschaft des Zufalls

In einem Kurs für Kreatives Schreiben sollten die hundert studentischen Teilnehmer eine Kurzgeschichte verfassen, zu der die beiden ersten Sätze vorgegeben waren: »Es war Heiligabend. Über dem Flughafen lag dichter Nebel.« Bemerkenswert für die Initiatorin dieses Schreibexperiments, Fanny Howe, war zunächst, daß nur ein Viertel der abgelieferten Geschichten so etwas wie ein »Happy-End« hatten, genauer gesagt: eine Problemlösung. Alle anderen Geschichten endeten in außerordentlicher Konfusion und Gewalttätigkeit. »Manchmal war sie psychologisch, schwer zu entziffern, eine Art Entfremdung oder Verwirrung, manchmal war die Gewalt aber auch cartoonartig, als ob der Leser sie nicht allzu ernst nehmen sollte. Meistens jedoch war sie physisch, und zwar von der brutalsten Art.«

Das, so meint Fanny Howe, ist eine relativ neue Entwicklung. In den einundzwanzig Jahren in ihrer Tätigkeit als Lehrerin für Kurse in Kreativem Schreiben habe sie nie eine solche Ballung von schrecklichen, undurchschaubaren Geschichten erhalten. In früheren Jahren folgten die Geschichten meist einem bestimmten *plot*, der Held kam zwar in Schwierigkeiten, auch Grausamkeit kam vor, aber letztlich wand er sich irgendwie aus den Problemen und Verwicklungen heraus. Heute »explodierten« die Geschichten förmlich – es scheint den jungen Autoren an der Fähigkeit zu fehlen, eine halbwegs »diskursive« Lösung oder Entwicklung für die Probleme zu finden, die sie auf den ersten Seiten ihrer Geschichte eingeleitet haben. Reihenweise tauchen logische Brüche, nicht aus den Prämissen herleitbare Entwicklungen in den Geschichten auf, so als ob eine Art *Deus ex machina* eine verrückte Regie führe. Die Figuren in den Geschichten agierten wie Marionetten, die von unsichtbaren, nicht begreifbaren Mächten geführt werden.

Während in den sechziger und siebziger Jahren das »Establishment« oft jene anonyme, allumfassende Macht war, die das Geschick des einzelnen bestimmte, so scheint jetzt »die« Wirtschaft diese Rolle zu übernehmen. Sie stellt die unbegreiflichen Regeln und Gesetze auf, die das Leben des einzelnen bis ins letzte beeinflussen. In vielerlei Hinsicht ist »die« Wirtschaft zwar sehr viel toleranter, demokratischer und offener, als es das Establishment mit seinen engstirnigen Regeln oft war, sie kümmert sich auch nicht um Geschlecht, Herkunft oder Rasse. Aber sie verlangt eines: Wer mitspielen will, muß bezahlen können.

Die Welt scheint in den Augen vieler junger Leute wie ein gigantisches Nintendo-Spiel abzulaufen: Man kann Bonuspunkte gewinnen, wenn man nur geschickt genug ist. Aber im Grunde läuft das Computerprogramm ohne erkennbaren Sinn und ohne jede Gerechtigkeit ab. In dem großen Spiel »Wirtschaft« gewinnen einige – reiche Erben, Drogenhändler, Landbesitzer, Spekulanten –, ohne daß sie wirklich gearbeitet hätten. Andere verrichten Arbeit, die

überflüssig erscheint, parasitär oder sogar antisozial –
Makler, Rechtsanwälte, Politiker. Aber auch sie können
fallen, wenn sie nicht geschickt genug spielen.

Die Medien, die Werbung und andere Formen der Pop-
kultur verstärken diese Weltsicht noch mehr. Figuren werden eingeführt, deren Vorgeschichte oder Herkunft nie
erörtert wird, sie sind einfach da, sind reich, mächtig, böse
und grausam. Die alltägliche Realität wird immer stärker
ausgeblendet. Es findet keine Entwicklung mehr statt,
Ursache und Wirkung bleiben im dunkeln. Das »gute
Leben«, wie es »die« Wirtschaft als anonyme und alles
beherrschende Macht vorgaukelt, kennt keine Schattierun-
gen, keine Tiefenstruktur. Alles ist sofort und im Überfluß
verfügbar.

Wie in den Geschichten der Literaturstudenten gibt es
in den Werbespots und Actionfilmen keine persönlichen
Entwicklungen mehr – kein Mitleid, kein Interesse, kein
Engagement. Howe faßt ihr Experiment so zusammen:
»Was hier fehlt, zusammen mit einem Sinn für konsequen-
te Handlung (Arbeit) und Handelnden mit Konsequenz
(Helden), ist der rudimentärste Sinn für Ursachen und
Wirkungen – die Essenz von *plot* und *story* fehlen… es
gibt kein Vertrauen in irgendwelche Beziehungen zwischen den einzelnen Figuren, ihren Handlungen und den
Handlungskonsequenzen. Die Personen werden zu Opfern
von schlimmen Unfällen und Verbrechen, aber diese geschehen fast zufällig. Sie sind selbst gewalttätig, aber nur
aus Spaß daran. Sie hassen, verstehen aber nicht, warum
sie hassen, sie werden geliebt oder mißbraucht, wissen
nicht warum. Sie sind traurig und niedergeschlagen, sie
kennen die Gründe nicht mehr. Es herrscht der reine
Zufall.«

Die Dekonstruktion der Verantwortung

Das Gefühl, von gesichtslosen, anonymen Mächten beherrscht zu werden – von »denen da oben«, von »der« Wirtschaft und so weiter –, lähmt jeglichen Versuch, in diesem System noch Gründe, Ursachen und Wirkungen herauszufinden. Niemand ist mehr verantwortlich. Sicher, es gibt Leute, die Ämter und Verantwortung haben, aber auch die zeigen mit dem Finger auf den jeweils anderen. Niemand bietet sich mehr als Zielscheibe für den Zorn an, jeder verschiebt die Verantwortung – und wir können nicht einmal nachprüfen, ob zu Recht oder zu Unrecht.

Wenn selbst bei pharmakologischen Katastrophen wie der Contergan-Affäre oder dem Aids-Bluterskandal (Hunderte von Patienten erhielten infiziertes Blut) sich die Suche nach Verantwortlichen im Dickicht von Zuständigkeiten, Geschäftsinteressen, Ignoranz und Verschleierung verliert und Kausalitäten bis zuletzt geleugnet werden, entsteht beim Beobachter das Gefühl von Zorn und Ohnmacht: Niemand wird wirklich zur Rechenschaft gezogen, »die da oben« können machen, was sie wollen. Der heimliche Lehrplan funktioniert: Es lohnt sich, auch im persönlichen Bereich Verantwortungen abzustreiten, sich für unzuständig zu erklären, alle Tricks und Lücken zu nutzen.

Was die Sozialpsychologen Latané und Darley in ihren *bystander*-Experimenten gezeigt hatten – daß das Verantwortungsgefühl von Zeugen in einer Notlage oder eines Unglücks diffundiert, jeder also vom anderen hofft, daß er eingreift und hilft –, scheint auch im großen Ganzen der Gesellschaft abzulaufen: Verantwortungsdiffusion als Prinzip in Politik, Wirtschaft, Wissenschaft und Medien.

Die Dekonstruktion der Verantwortung ist in vollem Gange: Der Autor einer Handlung wird völlig von dieser getrennt. Die Individuen in der verantwortungslosen Gesellschaft verweisen geradezu reflexartig auf Faktoren, die erklären sollen, warum sie in keinem Fall für eine Handlung verantwortlich zu halten sind. Der Satz: »Es ist meine Schuld« wird nicht mehr gesprochen, denn es gibt diese persönliche Schuld nicht mehr: Kindheitstraumen, wirtschaftliche Not, prämenstruelle Aggressivität, Umweltstreß, geringes Selbstwertgefühl, erlittener sexueller Mißbrauch – Hunderte von Gründen, anlage- oder umweltbedingt, werden herangezogen, um zu entlasten und persönliche Schuld und Verantwortung abzuweisen.

Der Verlust des Verantwortungsgefühls – kollektiv und individuell – ist das Ergebnis des gigantischen Diffusions- und Entgrenzungsprozesses, der alles mit allem vermischt, der das Ungefähre gegenüber dem Präzisen, Linearen favorisiert und der das »Irgendwie« zur Lieblingsvokabel unserer Zeit gemacht hat: Irgendwie ist jeder schuldig, irgendwie aber auch unschuldig. Opfer sind ein bißchen mitschuldig, Täter sind ein bißchen unschuldig: Das Stockholm-Syndrom ist ein – überhaupt nicht mehr als grotesk empfundenes – Beispiel für diese Vermischung von »Zuständigkeiten«: Die Opfer sympathisieren mit ihren Kidnappern, finden gute Gründe für deren Verhalten und beginnen, sich mit ihnen gegen die Polizei zu solidarisieren.

Wie sich alles und nichts psychologisch erklären läßt

Die Verwissenschaftlichung der Suche nach Ursachen und Wirkungen und damit auch nach Verantwortlichkeiten bedeutet natürlich eine Verkomplizierung dieser Suche – je mehr Faktoren entdeckt werden, je differenzierter das Gewebe von Zusammenhängen aufgespleißt wird, desto mehr verschwindet das Objekt der Suche, der oder die oder das Verantwortliche. Nicht zuletzt die Psychologie und die Psychotherapie haben erheblich dazu beigetragen, daß unser Bild von zwischenmenschlichen Beziehungen, von Motiven und Verhaltensweisen differenzierter und gleichzeitig – bei der Viefalt von Erklärungsangeboten – unübersichtlicher geworden ist. So trägt beispielsweise die Systemische (Familien-)Therapie in durchaus emanzipatorischer Weise dazu bei, Schuldzuschreibungen innerhalb einer Gruppe, etwa der Familie, nicht mehr nach präpsychologischen und oberflächlichen Mustern vorzunehmen, etwa den »Symptomträger« als Schuldigen für Probleme zu etikettieren, sondern bezieht alle Mitglieder eines sozialen Zusammenhangs in das Netz von Ursachen und Wirkungen mit ein. Dies bedeutet zunächst eine Befreiung und Entlastung dessen, den die Schuldzuschreibung trifft. Willkürliche und von offener oder verdeckter Macht diktierte Verantwortungszuschreibungen sind schwieriger geworden, zumindest für die, die bereit sind, sich das systemische Denken zu eigen zu machen.

In anderer Hinsicht jedoch hat die Psychologisierung dazu beigetragen, so etwas wie eine »Abwärtsspirale der Schwächung« (Kenneth Gergen) in Gang zu setzen: Je komplizierter die Zusammenhänge werden, je unübersichtlicher die Ursache-Wirkungs-Gewebe sind, desto stärker sind die Dienste von professionellen Durchblickern, den Experten für solche Zusammenhänge gefragt. Und weil es so schwierig geworden ist, die »Wahrheiten« des psychischen und sozialen Lebens herauszupräparieren, nimmt die Zahl von Erklärungsangeboten rapide zu. Allein in den letzten Jahrzehnten hat sich die Nomenklatur für psychische Probleme exponentiell vervielfacht. Und nicht immer entsprechen die Symptombegriffe, Syndrome und Krankheiten einem realen Befund, manchmal sind sie vor allem »Label« mit einerseits entlastender, andrer-

seits entmündigender Funktion: die Krise in der Lebensmitte, das Burnout-Syndrom, das chronische Müdigkeits-
syndrom, Bulimie, Anorexie, Kleptomanie, multiple Persönlichkeit, in Therapie erinnerter sexueller Mißbrauch –
über die Realitätsanteile dieser Probleme darf spekuliert
werden.

In ihrer Gesamtheit jedoch bildet die Vielzahl psychischer Krankheitsbilder ein Defizitmodell der menschlichen Psyche, des Selbst. Nichtstoffgebundene Süchte,
wie Arbeitssucht, Eßsucht, Sexsucht, Laufsucht und so
weiter sind zum einen tatsächlich ernstzunehmende Erscheinungen, Reaktionen des Ichs auf bestimmte Krisen
und Konflikte, zum anderen sind es doch auch »Erklärungen«, die im Grunde nichts erklären, aber sekundä-
ren Krankheitsgewinn ermöglichen. In den letzten Jahren
wurde die intensive Suche nach den genetischen Gründen
für bestimmte Verhaltensweisen energisch vorangetrie-
ben – Gene sind verantwortlich für das Dicksein, für
das Kriminellwerden, für das Temperament, für eine Vielzahl von Eigenschaften und Verhaltensweisen. Indem solche vorläufigen Ergebnisse der Genforschung – die noch
nichts aussagen über die Interaktion von Genen mit
Umwelteinflüssen – sofort und mit höchster Publizität
verbreitet werden, wirken sie mit am großen Prozeß der
Verantwortungsdiffusion, der systematischen Verkleine-
rung von persönlichen Anteilen am Handeln.

Was vor Jahrhunderten und Jahrtausenden auf göttliche
Eingebungen, Dämonen oder Dibbuks, auf Teufel oder
Hexenwerk zurückgeführt werden konnte – das Lenken
der Hand, die Blendung des freien Willens –, das über-
nehmen heute hochwissenschaftliche Erklärungsmodelle.
Die – historisch gesehen – relativ kurze Phase, in der die
Ich-Autonomie, das frei sich entfaltende Selbst als Ideal
gegolten hat, scheint zu Ende zu gehen, und eine neue
Phase der Fremdbestimmtheit zieht herauf.

Das Weltwissen aus zweiter Hand
macht paranoid

Robert Musil schrieb in seinem Roman »Der Mann ohne Eigenschaften« bereits über jenen Prozeß der Verantwortungsdiffusion: »Heute... hat die Verantwortung ihren Schwerpunkt nicht im Menschen, sondern in den Sachzusammenhängen. Hat man nicht bemerkt, daß sich die Erlebnisse vom Menschen unabhängig gemacht haben? Sie sind aufs Theater gegangen; in die Bücher, in die Berichte der Forschungsstätten und Forschungsreisen, in die Gesinnungs- und Religionsgemeinschaften, die bestimmte Arten des Erlebens auf Kosten der anderen ausbilden wie in einem sozialen Experimentalversuch, ... wer kann da heute noch sagen, daß sein Zorn wirklich sein Zorn ist, wo ihm so viele Leute dreinreden und es besser verstehen als er?! Es ist eine Welt von Eigenschaften ohne Mann entstanden, von Erlebnissen ohne den, der sie erlebt, und es sieht beinahe so aus, als ob im Idealfall der Mensch überhaupt nichts mehr privat erleben werde und die freundliche Schwere der persönlichen Verantwortung sich in ein Formelsystem von möglichen Bedeutungen auflösen solle. Wahrscheinlich ist die Auflösung des anthropozentrischen Verhaltens, das den Menschen so lange Zeit für den Mittelpunkt des Weltalls gehalten hat, aber nun schon seit Jahrhunderten im Schwinden ist, endlich beim Ich selbst angelangt, denn der Glaube, am Erleben sei das Wichtigste, daß man es erlebe, und am Tun, daß man es tue, fängt an, den meisten Menschen als eine Naivität zu erscheinen.«

Dieser historisch-psychische Prozeß, von dem Musil spricht, hat sich im Zeitalter des Kabelfernsehens und der multimedialen Gesellschaft noch beschleunigt. Das Ich des einzelnen wird immer mehr Zeuge, Beobachter von Ereignissen, deren Realitätsgehalt immer weniger zu prüfen ist. Die »Sachzusammenhänge« erzeugen das, was vage als Klima, als Stimmung, manchmal auch als Zeitgeist bezeichnet wird und für dessen Interpretation eigene Berufe entstanden sind – Trendforscher, Psychohistoriker, Marketingexperten, Fernsehkommentatoren, und so weiter. Ihre Aufgabe sehen sie darin, uns die Welt zu erklären, die »Hintergründe« der pausenlos fließenden Informationen zu erläutern, Zusammenhänge sichtbar zu machen und sich überhaupt als Lotsen, Navigatoren und Durchblicker im grenzenlosen Informationsuniversum anzudienen.

Ihre Geschäftsgrundlage ist ein neu entstandenes Bedürfnis bei vielen Menschen: Weil sie die Welt vorwiegend durch elektronische Medien wahrnehmen, weil die Bilderflut des Fernsehens wie ein unablässig ablaufendes Drama erscheint, das von einem Chor von Kommentatoren in den Printmedien kommentiert und erklärt wird, versuchen viele, aus diesem Stimmengewirr so etwas wie einen eigenen Standpunkt, eine persönliche Sichtweise der Welt herauszufiltern. Und weil wir gelernt haben, daß wir selbst unseren Augen nicht immer trauen dürfen, muß immer häufiger »nachgearbeitet« werden, denn wir können ja die Ereignisse nicht mehr so akzeptieren, wie sie sich darbieten. Gerade weil es uns widerstrebt, die nahezu sinnlos aneinandergereihten Episoden, geschrieben von einem unbekannten Autor, zu akzeptieren, entwickelt sich allmählich ein paranoider Erklärungsdrang: Wir wollen wissen, was hinter all diesen Ereignissen steht. Was ist der tiefere Sinn des Ganzen? Gibt es eine geheime Botschaft, gibt es verborgene Zusammenhänge, die wir noch nicht entdeckt haben? Die Suche nach Indizien, die uns Hinweise auf die wirkliche Bedeutung all dessen geben, was wir tagtäglich zur Kenntnis nehmen, nimmt vor allem dann groteske und paranoide Züge an, wenn die Informationsflut unsere Ängste und Befürchtungen mobilisiert: Nimmt die Kriminalität wirklich zu? Sind wir morgen schon ihr

Opfer? Wie dramatisch ist die Umweltverschmutzung wirklich? Wieviel Gift ist in den Nahrungsmitteln? Werden wir noch in den Genuß einer ausreichenden Rente kommen?

3. Kapitel

WAS SOLL ICH?
Das zweifelnde, suchende, exponierte Selbst

Ich habe oft das Gefühl (brennend,
dunkel, undefinierbar usw.), daß
das Ich keine Tatsache ist, sondern
ein Gefühl, das ich nicht loswerde.

(Hans Magnus Enzensberger,
Von der Algebra der Gefühle)

Es gibt einfach zu viele Dinge,
über die wir nachdenken müssen.

(Saul Bellow in einem Artikel
für das Magazin »Forbes«)

Worüber haben Sie in letzter Zeit nachgedacht? Was ging Ihnen an großen und kleinen, an wichtigen und banalen Fragen durch den Kopf, und wie viele Antworten haben Sie gefunden?

– Muß ich meine Lebensversicherung aufstocken, um eine halbwegs vernünftige Rente zu bekommen?

– Wieviel Fett ist in dieser Wurst?

– Wie ist Uwe Barschel wirklich umgekommen, und wenn er ermordet wurde – von wem?

– Ist die deutsche Wiedervereinigung ein Fluch oder ein Segen?

– Kommt der Teebeutel in die grüne oder in die braune Tonne?

– Hilft Homöopathie wirklich oder nur denen, die sich das einbilden?

– Bin ich nicht auch ein bißchen ausländerfeindlich?

– Wer schaut eigentlich all die bescheuerten Gameshows im Fernsehen an?

– Sollte ich mir eine Faxmaschine für zu Hause anschaffen?

– Warum bin ich in letzter Zeit so nervös und erschöpft?

– Wie groß ist die Wahrscheinlichkeit, daß ich an Krebs erkranke?

– Wird der morgige Tag genauso verlaufen wie der heutige?

– Hat Günter Grass recht oder Botho Strauß, oder keiner von beiden?

– Warum habe ich so viele einzelne Socken in meinem Wäscheschrank?

– Wird das Finanzamt wirklich meine Reisekostenabrechnungen überprüfen?

– Werde ich meinen Eltern im Alter immer ähnlicher?

– Wieviele gute Freunde habe ich wirklich?

– Welche Klamotten sollte ich in die Altkleidersammlung geben – und welche kann ich vielleicht doch noch mal gebrauchen?

– Sollte ich nicht weniger fernsehen?

– Kann es sein, daß Helmut Kohl vielleicht doch noch mal eine Amtszeit als Kanzler anhängt?

– Was kommt heute abend im Fernsehen?

– Woher weiß ich, ob ein Produkt wirklich umweltfreundlich ist?

– Ist Lottospielen Blödsinn, oder soll man auch das Unwahrscheinliche versuchen?

– Soll ich Diät halten, oder ist das alles Unfug?

– Ist die Armut in Afrika überhaupt noch zu beseitigen?

– Warum freue ich mich immer, wenn Bayern München verliert?

– Wo sind eigentlich die Toiletten im Raumschiff Enterprise?

– Soll ich meiner Tochter empfehlen zu studieren – oder soll sie doch lieber einen guten Job annehmen und bald heiraten?

– Wenn es einen Gott gibt – was hat er mit uns vor?

– Welcher Politiker ist eigentlich nicht korrupt?

– Sollte ich mir eine andere Frisur zulegen?

– Sollten wir den Türken, die bei uns leben, die doppelte Staatsbürgerschaft zugestehen?

– Bin ich schon süchtig, wenn ich jeden Abend drei Flaschen Bier trinke?

– Was bringt mir persönlich eigentlich die Europäische Einigung?

– Eurocard, VISA oder American Express?

– Was ist der Sinn meines Lebens?

Jeder von uns ist jeden Tag konfrontiert mit Hunderten und Tausenden Aufforderungen, sich zu entscheiden, sich eine Meinung zu bilden, einen Standpunkt einzunehmen. Jeder verarbeitet bewußt oder unbewußt Hunderte und Tausende von Bildern, Anregungen, Informationen. Jeder versucht aus diesem Überangebot das herausfiltern, was für seine Existenz wirklich von Bedeutung sein könnte. Eine Aufgabe, die manchmal unmöglich erscheint und in Verzettelung, in Verwirrung, in Beliebigkeit und Resignation endet.

Und doch ist dieses unablässige Reflektieren, das ständige Nachdenken über den eigenen Ort, die eigene Rolle in den Ereignissen, letztlich der rote Faden, mit dem sich eine Identität zusammennähen läßt. In seinem Bild vom »Strom des Bewußtseins« hat der Philosoph und Psychologe William James versucht zu zeigen, wie zumindest ein vages Ich-Gefühl entsteht: »Bewußtsein ist nie in Stücke zerhackt. Es ist nichts Zusammengestückeltes, es fließt. Ein ›Fluß‹ oder ›Strom‹ sind die Bilder, die es am besten und natürlichsten beschreiben. Wir wollen es auch Bewußtseinsstrom nennen, oder Strom des subjektiven Lebens.«

Der Bewußtseinsstrom des modernen Menschen fließt jedoch nicht mehr so ruhig und gleichmäßig dahin, wie es dieses Bild suggeriert. Er tritt buchstäblich immer wieder über die Ufer, seine Dämme werden eingerissen, seine Richtung umgelenkt durch die Bedingungen des modernen Lebens. Und seine Wasser werden gespeist von unendlich vielen Quellen und Nebenflüssen, so daß die Kontinuität und Identität des Flusses sich verliert – er gleicht inzwischen eher einem riesigen Delta oder Sumpfgebiet, dessen Grenzen kaum noch auszumachen sind.

Von Spiegeln umzingelt: Selbstaufmerksamkeit als Dauerzustand

Innere Monologe und Bewußtseinsströme verlaufen zudem oft unbewußt – sie kreisen um äußere Ereignisse und innere Zustände, aber nur selten werden sie zu bewußten, vor allem selbst-bewußten Anstrengungen. Für den heutigen Menschen jedoch hat sich die Situation grundlegend geändert: Immer häufiger gerät er in Situationen, die seine bewußte Aufmerksamkeit erfordern und die wie ein Damm den Strom des Bewußtseins stoppen. Eine neue Fließrichtung muß bestimmt werden. Psychologisch ausgedrückt befinden wir uns immer häufiger im Zustand der »objektiven Selbstaufmerksamkeit«. Mit diesem Begriff haben die Sozialpsychologen Shelley Duval und Robert Wicklund die Situation beschrieben, in der wir wie in einem Spiegel auf Eigenschaften oder Handlungen der eigenen Person aufmerksam gemacht werden. Experimentell lassen sich solche selbstaufmerksamen Zustände herbeiführen, indem Versuchspersonen tatsächlich vor Spiegel plaziert werden, ihre eigene Stimme zu hören bekommen oder sich selbst in einem Film sehen. Dadurch wurde der selbstunbewußte Zustand verändert – Unbefangenheit und Unreflektiertheit des normalen Verhaltens gehen schlagartig verloren.

Selbstaufmerksamkeit verursacht geradezu eine plötzliche Verunsicherung, eine Unterbrechung des Bewußtseinsstroms. Wie der Tausendfüßler, der anfängt, auf seine

Beine zu achten, und darüber ins Stolpern gerät, »stolpert« auch das Denken. Im Zustand der Selbstaufmerksamkeit werden uns plötzlich die Standards und Maßstäbe bewußt, die wir für uns als verbindlich ansehen. Und es wird uns bewußt, ob wir diese Standards erfüllen – ob wir beispielsweise den eigenen Wertvorstellungen, den eigenen Ansprüchen genügen, im Hinblick auf Aussehen, auf Geschicklichkeit, auf soziales Verhalten. Wir kennen das Phänomen: Wenn man in einem Theaterfoyer oder einem Ballsaal sich selbst plötzlich in einem großen Spiegel gegenübertritt, erkennt man den »Fremden« zunächst gar nicht, beginnt aber dann, sich mit kritischen Blick zu überprüfen und die Kleidung zurechtzuzupfen und die Haare zurückzustreichen. Selbstaufmerksamkeit bedeutet, sich zum Vergleich aufgefordert zu sehen: zum Vergleich mit den eigenen Idealvorstellungen und Ansprüchen an sich selbst, zum Vergleich mit anderen Menschen, die für uns von Bedeutung sind und an denen wir uns messen wollen, und schließlich zum Vergleich mit den Aussehens- und Verhaltensmodellen, die uns durch die Informations-, Werbe- und Bilderflut ständig vorgehalten werden.

Was wir sind, sind wir durch Vergleiche

Auge in Auge mit uns selbst erkennen wir sehr viel deutlicher, ob wir so sind, wie wir in den Augen anderer erscheinen wollen. Dieser Zustand der Selbstaufmerksamkeit wird in unserer Zeit immer häufiger und systematischer herbeigeführt – paradoxerweise gerade deshalb, weil sich Traditionen, Normen und Verhaltensvorschriften nicht mehr als Stützen eignen, auf die man sich blindlings verlassen kann. Wir müssen unser Verhalten sozusagen von Fall zu Fall überdenken und überprüfen, werden immer häufiger und nachhaltiger mit der Nase auf unsere Rolle in unterschiedlichsten sozialen Kontexten gestoßen.

Die Vervielfältigung der Verhaltensmöglichkeiten, das Nebeneinander unterschiedlichster Rollen – nicht mehr nur der drei oder vier, wie sie noch vor Jahrzehnten für die meisten Menschen üblich waren: als Familienmitglied, als Berufstätiger, als Mitglied einiger Vereine oder Gemeinschaften – verlangen, daß wir überall den Spiegel sehen, in dem wir uns reflektieren. Wir sind zu ständigen Vergleichsprozessen verurteilt (ein Schicksal, das bereits Nietzsche heraufziehen sah, als er vom »Zeitalter der Vergleichung« schrieb).

Wie problematisch dieser Zustand der Selbstaufmerksamkeit für die meisten Menschen ist, zeigen die Selbstwahrnehmungsexperimente, die Wilhelm Wolff schon 1932 durchführte: Er stellte fest, daß der Selbstaufmerksamkeit fast immer ein Vermeidungsreflex oder -verhalten folgt. Wenn die Wahrnehmung auf Aspekte der eigenen Persönlichkeit gerichtet wird, reagieren die meisten Menschen so, als ob sie sich selbst nicht kennten oder unangenehm berührt seien. In Wolffs erstem Experiment etwa erkannten nur rund zehn Prozent der Versuchspersonen ihre eigenen Stimmen wieder, jedoch fast vierzig Prozent die Stimmen von ihnen bekannten Menschen.

Seit diesen ersten Versuchen mit den Auswirkungen der Selbstwahrnehmung auf das Verhalten sind immer neue Facetten dieses Phänomens untersucht worden. Immer wieder haben die Forscher dabei betont, daß es die Vergleichsprozesse sind, die aufgezwungene Notwendigkeit, sich mit fremden und selbstgesetzten Standards auseinanderzusetzen, die unangenehme Gefühle mobilisieren – Unsicherheit, Angst, Niedergeschlagenheit, das Gefühl, irgendwelchen Normen nicht zu entsprechen, und so weiter.

Ein typisches späteres Experiment von Kenneth Gergen zeigt, wie in uns ständig ein Vergleichsprogramm abläuft, wenn wir in entsprechende Situationen geraten: Nehmen Sie an, Sie bewerben sich um eine Stelle und warten auf das Vorstellungsgespräch in einem Vorraum. Dann wird ein zweiter Bewerber hereingeführt, der wesentlich eleganter gekleidet ist als Sie und einen äußerst selbstsicheren und dynamischen Eindruck macht. Wenn Ihr Selbstgefühl (das sich mit Hilfe von Fragebogen und anderen Verfahren messen läßt) nun nicht deutlich absinkt, sind Sie eine große Ausnahme. Umgekehrt dürfte es steigen, wenn der »Mitbewerber« einen etwas abgerissenen, unsicheren und ungepflegten Eindruck macht.

Wir vergleichen uns bewußt oder unbewußt ständig mit anderen, und wir definieren uns selbst mit Hilfe dieser Vergleiche. Eine Vielzahl von »sozialen Vergleichsprozessen« macht unser Selbstbild und unser Selbstkonzept zu einer höchst variablen, beeinflußbaren Größe. Diese Erkenntnis steht im Widerspruch zu psychologischen Theorien, die von einem relativ festen und stabilen Selbstkonzept ausgehen. Solche Theorien mögen noch zu Zeiten zugetroffen haben, als es den Menschen möglich war, sich als »innengeleitete Charaktere« zu verstehen und relativ unabhängig von äußeren Einflüssen, also auch von Vergleichsprozessen, zu bleiben. Aber der soziale Spiegel wurde in den letzten Jahrzehnten immer wichtiger.

Der Perfektionsdruck wächst – und macht depressiv

Was uns in diesem Spiegel gegenübertritt, ist nicht nur das jeweilige Selbstbild, sondern auch das Selbst als »verallgemeinertes Andere«, jenes »generalised other«, das George Herbert Mead als eine zentrale psychische Instanz beschrieben hat, eine Instanz, die vor allem die vielfältigen Standards und Normen der Gesellschaft widerspiegelt. So funktioniert die Selbstaufmerksamkeit vor allem auch als zivilisierende, kontrollierende Kraft. Sie ist ein psychischer Kontrollmechanismus, der tendenziell von Gefühlen der Unruhe, der Scham, der Angst begleitet wird. In der Gegenwart von Standards werden wir nervös und befangen.

Und die Zahl solcher Standards hat dramatisch zugenommen – weil sich »Gesellschaft« heute als ein verwirrendes Kaleidoskop aus unzähligen Gruppen, Wertesystemen und Subkulturen darstellt, wirkt sich die uns aufgenötigte Selbstaufmerksamkeit tendenziell auch immer verstörender und beunruhigender aus. Denn die Vergleiche, die uns immer wieder aufgenötigt werden, fallen mit der Perfektionierung von Verhaltensmodellen und Vorbildern häufig negativ aus. All die geschönten und idealisierten Modelle für Aussehen, Familienglück, beruflichen Erfolg, für innere Ruhe und Gelassenheit, Sportlichkeit, Eleganz, Beredsamkeit, Genußfähigkeit und was die Überfluß- und Erlebnisgesellschaft sonst noch aufbietet, um uns unsere Optionen darzustellen, machen uns schmerzlich bewußt, wie wenig wir den einzelnen Teilzielen und Ansprüchen gerecht werden können.

Deshalb wirkt die Selbstaufmerksamkeit nicht einfach nur als ein gesellschaftliches Regulativ, mit dem das Individuum in Schach gehalten werden kann und sich in bestimmte Rollen und Verhaltensweisen fügt, sondern wird zur psychischen Bedrohung, zur permanenten Last, zur unablässigen Aufforderung, an sich selbst zu arbeiten.

Im Zustand der Selbstaufmerksamkeit ist der einzelne ganz auf sich gestellt. Der Druck wächst, sich aus diesem unangenehmen Zustand zu entfernen, indem er sich den Normen oder Vorschriften einer Gruppe annähert, um dadurch wenigstens zeitweise Beruhigung und Eingebundensein zu erfahren. Die Konfrontation mit sich selbst und das Gewahrwerden bestimmter Aspekte und Eigenschaften der eigenen Person im »Spiegel« der Selbstaufmerksamkeit entspricht dem Empfinden von depressiven Menschen – auch ihr Denken kreist unablässig um die eigenen Probleme und ungelösten Fragen, um den eigenen miserablen Zustand, die eigene Unzulänglichkeit, die eigenen Schmerzen.

Umgekehrt fühlen sich die Menschen nur dann glücklich (zumindest für den Augenblick), wenn sie sich im Zustand völliger Selbstvergessenheit einer Sache oder anderen Menschen widmen können und so den »Flow« erreichen, den Mihalyi Czikzentmihalyi als Idealzustand »jenseits von Angst und Langeweile« beschreibt.

Das Leben als Ansammlung von Klischees

Die dem modernen Menschen aufgenötigte Reflexivität – das unablässige Nachdenken über Handlungsalternativen, Konsumentscheidungen und »Selbstverwirklichungs«-Möglichkeiten – ist literarisch in zwei wichtigen zeitgenössischen Romanen problematisiert worden: Nicolas Borns »Die Fälschung« (1979) und Botho Strauß' »Paare, Passanten« (1981). Born sieht im ständig wachsenden Zwang zur Selbstoffenbarung die allmähliche Enteignung des Intimen, ja die Enteignung des Lebens überhaupt. Leben gerät unter dem Zwang zur Reflexion zu einer bloßen Sammlung von Zitaten aus vorgefertigten, vorgelebten Klischees. Die Individuen müssen allmählich zu Schauspielern werden, die, wie der Literaturwissenschaftler Viktor Zmegač schreibt, »an die Stelle des Willens die Zelebration des Wollens, an die Stelle der Moral die Ästhetik setzen«. Man *ist* nicht mehr entschieden, aber man *spielt* den Entschiedenen.

In der »Fälschung« illustriert Born, wie die Konfrontation mit fremdem Leid und Elend den Helden nur noch dazu befähigt, »ein paar zu Hause einstudierte Entrüstungsposen« einzunehmen. Sein Protagonist, ein Reporter, kann sich nur noch an die Versatzstücke und Gefühle erinnern, die man aufbringen müßte und die »angebracht« wären. Auch in der Privatsphäre ist er völlig verstrickt in seine Reflexivität, der »kein einfach gegebenes, Unreflektiertes mehr gegenüber steht«. So überlegt er beispielsweise, ob er eine Frau für sich einnehmen könnte, indem er selbstbewußt aufträte – »er war alles andere als selbstbewußt, aber selbstbewußt *aufzutreten*, das traute er sich schon noch zu«.

Aus der nie endenden Reflexion, aus der unablässigen Analyse wird schließlich Paralyse: Selbstlähmung.

Das Reflektierte ist aber nichts anderes als das gesellschaftlich Vorgegebene und Vorgeprägte: Der einstmals hehre Begriff der Reflexion, der rationale Analyse und Diskurs signalisierte, also die bewußte Auseinandersetzung mit Verhaltensmöglichkeiten und -normen, wurde geradezu zum Lebenshindernis, aus Aufklärung und Auseinandersetzung wird ein immerwährender Zwang, und das, was im Grunde emanzipieren sollte – Selbstbewußtsein, Selbstreflexion –, wird von einer gesellschaftlichen »Megamaschine« vereinnahmt. Born läßt seinem Helden am Ende des Romans nur die vage Hoffnung, einmal von der Dauerreflexion befreit zu werden.

Die Wahrheiten werden durcheinander-gewirbelt – sicher bleibt nur der Zweifel

Ähnlich kritisch setzt sich Botho Strauß in »Paare, Passanten« mit dem Menschentypus auseinander, der sich die Reflexion zur (Lebens-)Aufgabe gemacht hat, weil er in ihr das Instrument zu Aufklärung und Fortschritt sieht.

Die Figuren bei Strauß sind diesem Reflexionsdruck nicht gewachsen, sie geraten zu Karikaturen, die vorwiegend in jenem linksprogressiven Milieu zu Hause sind, das seine Selbstverwirklichung wie einen Fetisch vor sich herträgt: linke PH-Professoren, die unablässig über Restaurants und Reiseziele schwadronieren, demonstrativ unverklemmte Frauen, die dennoch keine sexuelle Erfüllung finden, Eltern, die »eine Eltern-Kind-Gruppe gründen und sich mit Kitas und Bereichsreden der Selbsthilfe, mit Eigenbedarfswerkstätten, dem Kneipenplenum und der fahrbaren Stadtteil-Psychotherapie organisieren«.

Strauß will zeigen, wie sehr die Dauerreflexion im Widerspruch zum spontanen, »wirklichen« Leben steht: Konsumwelt kontra Metaphysik, moderne Partnerbeziehung kontra elementare Leidenschaft, der aufgeklärte, geschichtslose Mensch gegen die Heroik des früheren Lebens, Pop-Psychologie gegen Schicksal.

Diese oft als »Gegenaufklärung« denunzierte Position charakterisiert Zmegač so: »Das rational Begriffene ist das Tote, Erledigte; lebendig ist nur das Unerforschte, schöpferisch nur das Unbewußte. … Die zersetzende Erkenntnis als Feind von Leben, Gefühl und Spontaneität, das unbegriffen Mythische als eigentliches Kraftzentrum des Lebens, die entmythologisierende Aufklärung als Schwäche, als verlogene Selbstbestätigung einer dekadenten Konsumentenwelt.«

Der Philosoph Hilary Lawson meint, daß der Mensch in der sogenannten Postmoderne in eine »Krise der Wahrheit« geraten sei, in der seine wichtigsten Werte, seine Überzeugungen und Meinungen durcheinandergewirbelt werden. Diese Krise gehe vor allem auf die Dauerreflexion zurück, auf den Zwang, sich ständig seiner selbst bewußt zu werden und über sich nachzudenken. Dieser Druck sei deshalb übermächtig geworden, weil wir uns vom Konzept einer »objektiven Wahrheit« verabschieden müssen: Die Multiplikation von Wahrheiten und die Relativierung aller Standpunkte verlangen immer neue Anstrengungen, um sich zumindest Augenblickswahrheiten zu erarbeiten, einen eigenen Standpunkt zu bestimmen und seine Zugehörigkeit zu bestimmten Meinungsgruppen zu definieren. Es geht nicht mehr um die Welt, »wie sie ist«, sondern um ihre Darstellungen und Bilder, um ihre Angebote und Vorschläge, mit denen wir uns auseinandersetzen müssen.

So ist eine der psychisch belastenden Folgen dieser permanenten »Wahrheitsfindung« der Zweifel – Zweifel an den jeweils vorgetragenen Wahrheiten, Zweifel am eigenen Vermögen, diese Wahrheiten erkennen zu können, Zweifel schließlich auch daran, diesen – zumindest vorübergehend für verbindlich befundenen – Wahrheiten auch entsprechen zu können. Roland Barthes hat dies ironisch am Gefühl der Eifersucht verdeutlicht: »Wenn ich eifersüchtig bin, dann leide ich gleich vierfach: Erstens, weil ich eifersüchtig bin, dann, weil ich mich selbst dafür tadle, eifersüchtig zu sein, dann weil ich befürchte, daß meine Eifersucht nichts ausrichtet bei der Person, deretwegen ich eifersüchtig bin, und schließlich ärgere ich mich darüber, weil ich von einem Klischee überwältigt werde.«

Der »Chor der inneren Stimmen«

Wir werden nicht nur pausenlos informiert, unterhalten und abgelenkt, wir übernehmen tagtäglich auch bewußt oder unbewußt zahllose Wertvorstellungen und Ansprüche anderer: Ansprüche an Gesundheit, Bildung, richtiges Verhalten und so weiter. Zwangsläufig können wir nicht alle diese, wenn auch nur flüchtig verinnerlichten, Standards erfüllen. Wir können nicht alles zugleich sein – erfolgreich, intelligent, witzig, schlagfertig, humorvoll, engagiert, zärtlich, phantasievoll, gesund, künstlerisch... Dennoch setzen wir uns täglich immer neuen Informationen und Beziehungen aus, die uns solche Verhaltensziele und Normen vorgeben: in Werbung, Zeitschriften, im Fernsehen, im Kreise von Kollegen, Nachbarn, Freunden. Dieser Chor der »inneren Stimmen« steigert sich allmählich zur Kakophonie. Es entsteht eine multiphrene Version des alten Über-Ichs – was immer wir tun und denken, wir wissen, daß irgend jemand anders darüber denkt, anders darüber urteilt, uns möglicherweise auch verurteilt. Sitzen wir vor dem Fernseher, sagt eine innere Stimme sicher: Du bist faul! Du bist passiv! Du bist phantasielos! Machen wir Überstunden in der Firma: Du bist ehrgeizig! Denk an den Herzinfarkt! Treiben wir Sport: Jetzt machst du auch noch diese Fitneßmode mit! Übertreib es nicht! Ist das auch die richtige Sportart? Jede Wahl, die das multiphren gewordene Ich trifft, wird sofort konterkariert von Kritik und Selbstkritik, von den Schuldgefühlen, all die anderen Möglichkeiten nicht verwirklicht zu haben. Jede Handlung wird zensiert von jenen inneren Stimmen, auf die man einmal gerade nicht gehört hat.
Eine Vielzahl von Menschen und Meinungen, von Bildern und Informationen, die unser Selbst »bevölkern«, verändern auch unsere Phantasien, Wünsche und Lebens-

pläne auf fast unmerkliche Weise. An einem durchschnitt-
lichen Fernsehabend beispielsweise werden wir mit Hunderten von Meinungen, Minidramen, Gefühlsausbrüchen,
Lebensentwürfen, Konflikten und Konfliktlösungen konfrontiert. Wir nehmen ständig am Leben anderer Menschen teil – fiktiven oder realen – und verinnerlichen nach
und nach neue und andere Handlungsmöglichkeiten. Wir
lernen Körperhaltungen und Mimik, mit denen andere ihre
Gefühle ausdrücken. Prominente, Kultfiguren, Serienhelden, Modelle, Vorbilder auf Zeit, sie alle beeinflussen so
auf subtile Weise unser Denken, unsere Ausdrucksformen,
unsere Sprechweisen und unsere Körpersprache. All dies
bleibt nicht ohne Wirkung auf unser eigenes Leben – wir
werden auf unauffällige, aber nachdrückliche Weise ständig »nachsozialisiert«, erzogen und geformt. So können
wir auf Gebärden, Sprache, Handlungsmuster anderer
Menschen zurückgreifen, wenn wir in Situationen kommen, wo uns dies hilfreich und angemessen erscheint. Wir
wissen, wie wir uns zu verhalten haben, denn irgendwo
haben wir das alles schon einmal gesehen. Jeder von uns
kann sich aus einem stündlich wachsenden Fundus von
Modellen und Meinungen bedienen und sich ein Verhalten, eine Theatralik zurechtschneidern, an der kaum noch
etwas original ist.

Die »Fremden« in unserem Kopf werden allmählich zu
Bestandteilen des eigenen Ichs – wir absorbieren und
integrieren all das, was auf uns einströmt, und wissen
letztlich nicht mehr, ob wir eine eigene Meinung äußern
oder ob wir nur das Amalgam von unterschiedlichsten
Eindrücken und Werthaltungen von uns geben. Die Stimmen und Bilder überlagern sich allmählich, werden zu
einer Collage, zu einem Pastiche.

Die inneren Stimmen sind aber häufig sehr widersprüchlich, sie diskutieren und streiten miteinander. Solche inneren Dialoge haben deshalb auch zur Folge, daß

sich die absoluten Gewißheiten von gestern heute als unhaltbar herausstellen – in immer schnellerem Wechsel. Autoritäten erscheinen plötzlich in einem neuen Licht, nichts bleibt mehr verborgen, geheim, tabu. Zu jeder Meinung gibt es eine Gegenmeinung, zu jedem Gutachten ein Gegengutachten. Das Weltwissen wird demokratisiert – dafür sorgen allein schon die neuen Informationstechniken.

Das neue Selbst, derart angefüllt und vielleicht schon überfüllt mit den unterschiedlichsten Stimmen und Überzeugungen, ist deshalb auch ein skeptisches, realistisches und bisweilen nihilistisches und zynisches Selbst. Kenneth Gergen, der diesen Prozeß als »soziale Sättigung«, als eine »Besetzung des Selbst« schildert, verdeutlicht diese Werterelativierung und permanente Verunsicherung so: »Nach einem ernsthaften Gedankenaustausch mit einem Kommunisten aus Bologna erscheint eine bestimmte Form des Kommunismus durchaus plausibel; nach einem exquisiten Abendessen mit einem Pariser büßt die enthaltsam-gesunde Lebens- und Ernährungsweise enorm an Anziehungskraft ein. Lernt man die Lebenswelt der Japaner kennen, wird das Ideal von individueller Leistung fraglich. … Oder nehmen wir den Mann, der versucht, seine unendliche Leidenschaft für die Angebetete auszudrücken: Kaum sind die Worte seinem Mund entwichen, beginnt er zu zweifeln, ob sie nicht zu unrealistisch waren (ein typisch modernistischer Zweifel), vielleicht sogar besitzergreifend und gewiß nicht besonders originell. Indem er über diesen Zweifel nachdenkt, läuft er jedoch Gefahr, übertrieben ernsthaft zu wirken – unfähig, das notwendige Maß an spielerischer Lockerheit zu wahren. Zieht er dagegen seine Ernsthaftigkeit ins Lächerliche, könnte er den Eindruck erwecken, er spiele nur mit Worten… Jeder Zug ist demnach begleitet von Zweifel, Ablehnung und Kompensation.«

Die Renaissance des Schamgefühls

Neben dem Zweifel überfällt ein fälschlicherweise für obsolet gehaltenes, äußerst schmerzhaftes Gefühl das Ich, das sich immer wieder im sozialen Spiegel sieht: die Scham. Scham in anscheinend schamlosen Zeiten? Scham erscheint heute vielen als ein antiquiertes Gefühl aus der viktorianischen Epoche, in der Prüderie und strenge Konventionen den einzelnen gängelten und ihn immer dann be-schämt sein ließen, wenn er die strenge Etikette verletzte.

Aber Scham ist auch heute noch allgegenwärtig, und wahrscheinlich ist sie sogar ein Grund- und Schlüsselgefühl dieser Epoche. Sie beherrscht und durchdringt unser Leben weit mehr als beispielsweise Aggression oder Sexualität. Daß sie heute nur noch selten in »reiner« Form zu finden ist, hängt damit zusammen, daß sie verdrängt, unterdrückt oder maskiert wird. Denn wir schämen uns auch der Scham. Aber gerade in ihren maskierten Erscheinungsformen rumort sie um so stärker im psychischen Untergrund und belastet und vergiftet die Psyche und die zwischenmenschlichen Beziehungen auf vielfältige Weise.

Scham ist ein soziales Gefühl, das zu Beginn der menschlichen Vergesellschaftung entstand – als sich Gruppen und Stämme zusammentaten, um ein kompliziertes System der Balance von Geben und Nehmen zu entwickeln. Wer der Gemeinschaft etwas schuldete, wer ihre Regeln verletzte und dabei ertappt wurde, empfand Scham. Scham bremst und korrigiert die egoistischen Impulse und machte ein Zusammenleben überhaupt erst möglich.

Vom sozialen Regulativ mit nützlicher Funktion wandelte sich Scham aber zu einer Emotion, die heute für immer mehr psychische Probleme verantwortlich ist. So haben die tiefen Verunsicherungen und Selbstzweifel, die viele Menschen befallen, ihre Wurzel in dem wachsenden Druck, sich immer wieder neu zu definieren, zu vergleichen und ein bestimmtes Selbstbild in unterschiedlichsten Situationen zu präsentieren.

Wir sind »Eindrucksmanager« in eigener Sache geworden, Einzelkämpfer, die sich immer wieder neu verkaufen oder eine gute Figur machen müssen. Diese ständige Exponiertheit macht uns unsicher und angreifbar. Jeder Fehler, jede Peinlichkeit fällt auf uns als Person zurück: Wir glauben, in den Augen der anderen zu dumm, zu ungeschickt, zu häßlich zu sein. Und so steht unsere Person, unser Image, unser Selbstbild permanent auf dem Prüfstand.

Scham kontrolliert und beeinflußt unser Leben inzwischen weitaus mehr, als wir uns bewußt sind: Es sind nicht die 40 Mark Strafgebühr, die die meisten von uns vom Schwarzfahren abhalten, auch nicht tiefe moralische Überzeugungen, sondern vor allem die Furcht vor der peinlichen Situation, von einem Kontrolleur erwischt zu werden und mit hochrotem Kopf faule Ausreden stammeln zu müssen. Und Ladendiebstahl ist nur deshalb nicht noch weiter verbreitet, weil wir mehr als Geldstrafe und Ladenverbot die Verachtung und den Spott derer vermeiden wollen, die möglicherweise Zeugen der Verfehlung werden.

Große Reste bürgerlicher Manieren und öffentlicher Dezenz haben nur deshalb überlebt, weil es für eine Mehrheit nach wie vor blamabel bleibt, in den Augen anderer ein Rüpel, ein Dieb, ein Ungeschickter, ein Überforderter zu sein oder sonst irgendwie unangenehm aufzufallen.

Die Chancen, sich zu blamieren, sind gestiegen

Scham durchdringt vor allem in ihren milderen Erscheinungsformen unseren Alltag: Es ist uns peinlich, vom
Nachbarn oder Hausmeister dabei erwischt zu werden, den
Müll nicht »richtig« zu trennen. Wir sind verlegen, wenn
der Partner, leicht angetrunken, sich auf einer Party laut-
stark zum Narren macht. Und wir möchten in den Boden versinken, wenn wir jemandem »wegen eines drin-
genden anderen Termins« ein Treffen abgesagt haben
und derjenige uns kurz darauf in der Kneipe oder im Café
trifft.

Die Angst vor dem Fauxpas, vor der Lächerlichkeit, vor
dem Bloßgestelltwerden ist heute keineswegs geringer
als noch vor wenigen Jahrzehnten, als noch Knigge und
Pappritz und Tausende von Benimmregeln und Konventionen das Verhalten regulierten. Es ist eine Illusion zu
glauben, wir lebten in relativ tabufreien und deshalb geradezu schamlosen Zeiten. Nur weil wir permanent mit bestimmten Formen der Schamlosigkeit konfrontiert werden, weil beispielsweise Sexualität und Nacktheit als
Werbemittel in allen Medien eingesetzt werden, weil in
den zahllosen Talkshows auch das Intimste, Absurdeste
und Abseitigste ausgebreitet und zerquatscht werden, erscheint Scham als ein antiquiertes Gefühl. Nichts ist fal-
scher als das. Die Chancen, sich zu blamieren, die poten-
tiellen Peinlichkeiten und die Fettnapfdichte haben in
unserer Gesellschaft eher zugenommen – ein seltsames
Paradox. Gerade der Verlust von verbindlichen Regeln und
Traditionen hat uns unsicherer gemacht – wir müssen in
allen Lebenslagen immer wieder neu herausfinden, was
»geht«, was von uns erwartet wird. Denn mehr als jemals
zuvor hängen Erfolg und Ansehen vom guten Eindruck ab.
Deshalb sind wir leichte Beute für Peinlichkeiten, Schamfallen und Schamgefühle.

Aber nicht die Scham selbst wird heute zum Problem, so schmerzhaft sie auch ist, sondern ihre Verdrängung. »Scham ist vielleicht das heimlichste Gefühl der modernen Gesellschaft, das nicht nur in sich selbst schon den Wunsch weckt, sich zu verbergen, sondern selbst auch noch verborgen wird, weil es sich mit den Maximen der Selbstachtung so wenig verträgt«, meint der Soziologe und Schamforscher Sighard Neckel. Um Scham zu vermeiden, weicht die Psyche häufig auf Ersatzemotionen aus, die ihr erträglicher erscheinen – Trauer und Zorn beispielsweise.

Für Frauen ist vor allem Depression das Ersatzgefühl »der Wahl«, wenn sie sich beschämt fühlen – etwa weil sie glauben, nicht attraktiv oder liebenswert oder schlank genug zu sein. Für Männer ist häufig Wut das Ventil für quälende Scham: Von einem Vorgesetzten oder einem Amtsträger vor anderen zurechtgewiesen – und beschämt – zu werden, ist eine hochexplosive psychische Situation.

Der Psychoanalytiker Leon Wurmser hat in einer umfassenden Studie erläutert, warum Scham eine Konstante im menschlichen Gefühlshaushalt ist – auch wenn sie sich hinter vielen Masken verbirgt: »Scham ist die unentbehrliche Wächterin der Privatheit und Innerlichkeit, eine Wächterin, die den Kern unserer Persönlichkeit, unseren Sinn für Identität und Integrität schützt…« Mit anderen Worten: Das Gefühl der Scham signalisiert uns, daß unser Selbst im Rampenlicht steht – und den Anforderungen der Situation nicht genügt. Die Scham sagt: »Du bist nicht gut genug! Du hast als Mensch versagt! Andere sehen deine Schwäche!«

Gefangen in den Schamfallen

Die plötzliche Bloßstellung des Selbst und der momentane Verlust von Würde und Integrität sind die psychologische Urszene schlechthin: Adam und Eva begreifen plötzlich ihre Nacktheit und Schwäche. Dieses Empfinden für die eigene Unvollkommenheit und Unzulänglichkeit ist die älteste soziale Empfindung – und sie ist gekoppelt mit Versuchen, diese »Nacktheit« vor anderen und vor sich selbst zu verbergen.

Menschen schämen sich für die unterschiedlichsten Dinge, je nachdem, was für ihr Selbstbild und ihr Selbstwertgefühl bedeutsam ist. Ein Alkoholiker schämt sich seiner »Charakterschwäche«, ein Arbeitsloser schämt sich, weil er sich – wider besseres Wissen – für sein Schicksal verantwortlich fühlt. Zahlreich sind die Fälle, wo das vermeintliche »Versagen« krampfhaft vor den Nachbarn, oft sogar vor der eigenen Familie verborgen wird. Viele Arme und Bedürftige schämen sich, offizielle Hilfe in Anspruch zu nehmen. Frauen schämen sich ihres Körpers, weil sie ihn ständig mit Idealfiguren verglei- chen – ihre Körperscham führt zu Folgeproblemen wie Eßstörungen, Selbstkasteiung und Depressionen.

Viele Gruppen und Individuen werden in »Scham er- zeugenden Umgebungen« (Michael Lewis) festgehalten und können ihre Selbstachtung und ihr Selbstgefühl nur schützen, indem sie sich in zerstörerische oder selbst- zerstörerische Strategien flüchten, um den unerträglichen Schamschmerz abzuwenden.

Aggressive Skinheads, prügelnde Hooligans und ju- gendliche Nazis verbergen ihre tiefe Beschämung, die sie als Verlierer in dieser Gesellschaft empfinden, hinter der Maske von Gewalt. Als Gewalttätige sind sie zumindest eine Zeitlang nicht demütige Verlierer, sondern »selbst- bestimmte« Akteure. Häufig borgen sie sich die Symbole vermeintlicher Größe – Fahnen, Vereinsabzeichen, Nationalstolz – und verdrängen so die schmerzhafte Tatsache aus dem Bewußtsein, von dieser Gesellschaft im Grunde ausgegrenzt und verachtet zu werden. Die anhaltende Beschämung ist für viele dieser sogenannten »Modernisierungsverlierer« so unerträglich, daß sie unbedingt überspielt werden muß. Deshalb schrecken Strafen und Schmerzen überhaupt nicht ab – die psychischen Schmerzen der Scham brennen ungleich stärker und müssen um jeden Preis gedämpft werden.

Frauen sind besonders anfällig für Schamgefühle: Jahrhundertelang wurde ihr Selbstbewußtsein kleingehalten durch männliche Beschämungsstrategien: Verächtlichmachung, Leugnung und Unterdrückung ihres intellektuellen Potentials, Betonung ihrer biologischen und sexuellen Funktionen. Wenn sie sich aus dem engen Zirkel, den ihnen die Männermacht zuwies, hinauswagten, riskierten sie Beschämung: »Du bist zu dumm, zu schwach, zu häßlich...« Gefangen in dieser Schamfalle flüchten viele Frauen in die Ersatzemotion Depression – die heute am weitesten verbreitete und am schnellsten zunehmende psychische Störung.

Kinder reagieren besonders empfindlich auf Beschämung – und ihre Persönlichkeit wird in dem Maße deformiert, wie ihre Erziehung auf offenen oder versteckten Verletzungen des Selbstgefühls basiert. Psychologen haben heimlich die Gesichter von Eltern beobachtet, die ihren Kleinkindern beim Lösen einer schwierigen Aufgabe zusahen. Wenn die Kinder nach einer Weile frustriert aufgaben und sich nach ihren Eltern umschauten, so konnten einige von ihnen auf den Gesichtern der Väter und Mütter einen Anflug von Mißbilligung, ja sogar von Ekel erkennen. Die Eltern schämten sich sichtlich für das »Versagen« ihrer Kinder und signalisierten ihnen wiederum: Du machst uns Schande! Du bist nicht gut genug! Gefühle, die solche Eltern natürlich nie zugeben würden.

Die subtil ausgedrückte Verachtung beschämt das Kind, und es fürchtet, Liebe und Zuwendung zu verlieren. Es versucht, diesem Schmerz zu entkommen, indem es überangepaßt und hochsensibel alle Wünsche der Eltern zu erahnen versucht und sie dann erfüllen will, oder indem es sich schüchtern, ängstlich und depressiv immer mehr zurückzieht, um so jede Situation zu vermeiden, in der Verachtung und Scham drohen. Manche Kinder aber reagieren auch aggressiv und versuchen, mit »unverständlichen« Wutausbrüchen oder Zerstörungen ihr lädiertes Selbstwertgefühl wieder zu reparieren. Liebesentzug und Beschämung, Spott und Verächtlichmachung sind zwar »psychologischere« Erziehungstechniken als etwa die verpönten körperlichen Strafen, ihre Wirkung ist jedoch nicht minder verheerend.

Die Wurzeln des Zynismus

Scham ist paradoxerweise auch die Hauptursache für viele Zeiterscheinungen, die wir eher als Ausdruck extremer Schamlosigkeit ansehen: Obszönität, Zynismus und Exhibitionismus. Leon Wurmser sieht darin »Verkehrungen ins Gegenteil«. Gerade besonders schamanfällige oder schüchterne Menschen flüchten häufig ins andere Extrem – in dieser »Flucht nach vorn« wollen sie unerträglicher Beschämung entgehen. So sind viele Zyniker Menschen, die ihre erlittenen Demütigungen und emotionalen Verletzungen durch zur Schau getragene Welt- und Menschenverachtung konterkarieren und abarbeiten. Schamlose sind so gesehen nichts anderes als Varianten des »Verbrechers aus Schuldgefühl«, der seine Tat begeht, um sich für eine eindeutige und klar umrissene Missetat schuldig zu fühlen und sie zu sühnen, anstatt mit einer vagen, gestaltlosen inneren Schuld belastet zu sein. Da Scham Verachtung gegen sich selbst ist, kann der »schamlose« Zyniker in seinem Kern sehr wohl eine traumatisch gedemütigte, grausam beschämte Person sein, die ursprünglich unter einer tiefen Mißachtung des Selbst und seiner Autonomie gelitten hat und nun durch die lebenslange Verkehrung ins Gegenteil versucht, den tiefsitzenden Schmerz dieser Wunde zu heilen.

Auch Narzißmus, die Krankheit des »aufgeblähten Selbst«, ist im Grunde nichts anderes als eine Form des Scham-Managements. Narzißten sind extrem vom Urteil anderer abhängig und deshalb besonders schamanfällig. Exponiert zu sein, sozusagen auf dem »Präsentierteller« zu leben und den Bewertungen der Mitwelt unterworfen zu werden, stellt eine extreme Bedrohung der eigenen Existenz und des psychischen Überlebens dar. Um der ständig drohenden Gefahr der Beschämung zu entgehen, inszenieren sie ihr Leben so, daß »Entlarvungen« ihres unsicheren und schwachen Ichs unwahrscheinlich werden. Mit großer psychischer Energie bauen sie sich solche Arrangements auf, in denen sie nur noch von bereitwilligen Claqueuren ihrer aufgeblähten und künstlichen Grandiosität umgeben sind. Bricht dieses System jedoch zusammen, dringt die Realität doch ins Innere des hohlen Selbst, dann ereignen sich regelrechte Schamkatastrophen, die in selbstzerstörerischen Akten und möglicherweise (siehe den Fall Barschel) in Selbstmord enden.

Kollektive Scham: Der Kreislauf von Demütigung und Aggression

Die psychologische Sprengkraft der Scham kann kaum unterschätzt werden – vor allem dann nicht, wenn sie als Kollektivscham wirksam wird. So war das Gefühl tiefer Demütigung nach der Niederlage des Ersten Weltkrieges der seelische Nährboden für die nationalsozialistische Propaganda, die Rache und neue Größe versprach und so die Scham überwinden half. Die nach dem Größenwahn und der Überheblichkeit des Kaiserreichs – eine Art kollektives, geblähtes narzißtisches Selbst – tief gefallenen Deutschen versuchten, ihre Scham zu verarbeiten, indem sie in einem neuen Größenwahn, diesmal gepaart mit rassistischer Aggression, Entlastung suchten.

Und wieder folgte eine Demütigung, noch verheerender und noch beschämender als die vorangegangene. Es scheint, als ob die Geschichte in diesem Jahrhundert in Deutschland eine Abfolge von Hybris, Demütigung, Scham und schließlich unangemessener Schamverdrängung wäre.

Aber auch andere Völker haben offenbar Probleme mit ihrer kollektiven Scham. Der niederländische Autor Leon de Winter schreibt: »Ich vermute, daß die theatralische und nach der Wiedervereinigung gewachsene Abneigung der Niederländer gegen die Deutschen ihren Ursprung in der Scham hat. Den Erben jener Nazis, durch deren tätige Mithilfe diese kollektive Feigheit jahrelang zur Norm erhoben war, kann man leicht die Schuld für viele Arten persönlichen und gesellschaftlichen Versagens in die Schuhe schieben. Zwischen 1940 und 1945 ließ sich das niederländische Volk ohne allzuviel Gezappel unterdrücken und erniedrigen, und das inzwischen von neuen Generationen übernommene Unbehagen darüber äußert sich noch immer in Postkartenaktionen und heftigen Streitgesprächen.«

Das jüngste Kapitel pathologischer Schamverarbeitung wird jedoch wieder in Gesamtdeutschland geschrieben. Was derzeit zwischen West- und Ostdeutschen geschieht, ist nichts anderes als eine klinische Fallstudie von Beschämung und Schamreaktion. Die Westdeutschen schämen sich zunächst ihrer »buckligen Verwandtschaft«, ihrer verarmten, materiell und moralisch heruntergekommenen Ostvettern. Gleichzeitig demonstrieren sie vor Ort Schamlosigkeit und demütigen die Beschämten noch mehr. Die ostdeutsche Autorin Annette Simon schreibt: »Ich leugne nicht, daß da sehr viel Dreck (in der DDR) war und ist. Ich bezweifle aber, daß man auf diese Weise mit ihr fertigwerden kann. Erneute Entwürdigung, die öffentliche Zurschaustellung des verdreckten Schuldigen führt nicht zu mehr Selbstoffenheit und Selbsterkenntnis – eine Binsenweisheit, die jetzt jeden Tag verleugnet wird.« Eine Schamlawine überrollt den Osten. Scham darüber, was die Menschen in den DDR-Jahren mit sich machen ließen, darüber auch, was sie selbst als Spitzel oder Mitläufer getan haben. Mühsam ringen die Gedemütigten um einen Rest von Selbstachtung, aber sie geraten unweigerlich in eine Spirale von Scham, Depression und Wut, schließlich aber auch von schamloser Neuanpassung hinein.

Und die Westdeutschen sehen amüsiert oder angewidert zu, wie sich die anderen abmühen, mit dem doppelten Schamerbe, den psychisch verkrüppelnden Folgen zweier Diktaturen fertig zu werden. Die eigene, nie eingestandene Scham der Westdeutschen über ihre Nazivergangenheit und die schamlose Nachkriegszeit läßt sich glänzend an die delegieren, die ihre Scham noch spüren und sich deshalb leicht manipulieren lassen.

Weil wir dazu neigen, uns »der Scham zu schämen«, wie Günther Anders meinte, verdrängen und maskieren wir sie. Wir müßten jedoch begreifen, daß sie ein wichtiges soziales Gefühl ist, das uns viel über unser Leben und unsere Rollen im Alltag sagen kann; sie ist ein Indikator für die Zwänge und Anforderungen, denen wir als exponierte Selbste immer stärker unterworfen werden. Unterdrückte Scham wird auf Dauer gefährlich – sie führt zu emotionalen Implosionen wie Depression und Selbstisolation, oder aber zu Explosionen wie Aggression und Gewalt. Der Schamforscher Donald Nathanson meint sogar: »Unser Überleben hängt davon ab, daß wir die Scham verstehen lernen.«

Kein Urlaub von der Arbeit am Ich?

Das Selbst des heutigen Menschen – immer häufiger in den Zustand der Selbstaufmerksamkeit versetzt – sieht sich deshalb mehr und mehr genötigt, zu reflektieren, über sich selbst nachzudenken, den eigenen Ort zu bestimmen, sich mit anderen Menschen und den eigenen Maßstäben zu vergleichen, die »Abweichungen« von den selbstgesetzten und aufoktroyierten Standards zu registrieren und beschämt oder unzufrieden oder ängstlich zu sein. Die permanent gültige Pflicht, am eigenen Ich zu arbeiten, es anzupassen und zu vervollkommenen, wurde verinnerlicht, und an die Stelle alter Zwänge und Normen – Sitten, soziale Konventionen, ideologische oder religiöse Zwänge – treten neue, die zwar im Gewande der Unverbindlichkeit auftreten, die aber dennoch genauso streng wirksam sind, wenn der einzelne der Selbstverpflichtung zu Glück, Zufriedenheit, Erfolg oder auch nur zum schlichten Ausschöpfen der ihm gebotenen Möglichkeiten nachkommen will.

Die Tyrannei der Möglichkeiten hat andere Tyrannen abgelöst, die Verwirklichung der Möglichkeiten wird zur Last, die immer häufiger bedrückt oder gar nicht mehr zu leisten ist. Die Gestaltung des eigenen Lebens, die Einteilung der Zeit, die zunehmend »Freizeit« ist, die Wahl von Lebenspartnern, Berufsrollen, Lebensstilen und Produkten ist eine prekäre Daueraufgabe, bei der immer wieder das eigene Ich exponiert werden muß und auf den Prüfstand gerät.

Ausweich- und Fluchtreaktionen sind deshalb immer häufiger zu beobachten – der Zustand des Nicht-vergleichen-Müssens, der »Unsichtbarkeit«, kurz: der Selbstvergessenheit, gewährt Urlaub von der Arbeit am Selbst. Die Gefangenen der neuen Freiheit, der Wahlmöglichkeiten und Optionen konstruieren sich neue Mauern und Gefängnisse, um zumindest zeitweise Entlastung von der Selbstverantwortung zu haben und der Pflicht zum Selbstmanagement zu entgehen, bevor sie sich wieder als »Freigänger« in die Welt der Optionen begeben.

Die Befriedigung der menschlichen Urmotive – von anderen geachtet werden und die Kontrolle über das eigene Leben behalten zu wollen – ist heute mit lebenslanger Anstrengung verbunden. Der Streß, den Zwängen, Verpflichtungen, Verantwortungen, aber auch dem eigenen Selbstbild gerecht zu werden, läßt sich oft nur dadurch abmildern, daß das Individuum Selbstvergessenheit und Selbstflucht anstrebt – zumindest zeitweise. Solche Fluchten bedeuten, sich den unablässigen Vergleichsprozessen zu entziehen, denen sich das Selbst immer wieder ausgeliefert sieht.

Das Dilemma des heutigen Menschen ist jedoch, daß seine Selbstachtung darauf beruht, sich mit anderen in bezug auf bestimmte, als wichtig erachtete Eigenschaften und Merkmale zu vergleichen – Intelligenz, Aussehen, Erfolg, auf das »gelingende Leben«. Logischerweise können wir bei vielen dieser Vergleiche nicht immer vorteilhaft abschneiden, selbst wenn wir häufig den Blick verengen und uns nur auf solche Aspekte der eigenen

Person beschränken, bei denen die Chancen, gut auszusehen, besser sind. In der alltäglichen Realität sind wir jedoch auch solchen Vergleichen unterworfen, die wir nicht selbst gewählt haben, die wir aber aushalten müssen, wenn wir uns nicht zunehmend isolieren wollen.

Selbstfluchten: Vergiß, wer du bist – für eine Weile

So wie das exponierte Selbst nach einer Beschämung im Boden versinken will, so sucht es zu anderen Zeiten, in denen die Arbeit am Selbstbild, an der Selbstvervollkommnung und der Selbstdarstellung unerträglich wird, ganz real Mittel und Wege, um zu »verschwinden«. Das belagerte, überforderte Selbst flüchtet sich in psychische Zustände, in denen es sich selbst vergessen kann. Solche Fluchtbewegungen sind nicht zu verwechseln mit Eskapismus schlechthin – also dem Ausweichen vor Lebensproblemen, Streß und Überlastung. Vielmehr handelt es sich um Strategien, sich vor den schmerzhaften oder unangenehmen Gefühlen zu schützen, die mit der Arbeit am Selbst und mit der unablässigen Selbstreflexion verbunden sind.

Ein Mensch, der ein langweiliges, unbefriedigendes Leben führt, mag Ablenkung oder *thrill* suchen – vom extensiven Fernsehkonsum bis hin zum Drogenmißbrauch. Aber solche Formen des Eskapismus sind eher ein Ausgleich, sie tangieren nicht notwendigerweise das Selbst.

Auch moralische Bewertungen von Selbstfluchten sind oft voreilig und werden der psychischen Notwendigkeit dieser Ausweichbewegungen nicht gerecht: Sie sind mehr als alles andere psychisch notwendige »Auszeiten«, die dem einzelnen Gelegenheit geben, sich von den gewachsenen Anforderungen seiner Existenz zu erholen. Alles, was das zeitweilige Vergessen dieser Anforderungen ermöglicht, eignet sich als Strategie: Alkohol, Freßorgien, sexuelle oder spirituelle Praktiken, extreme, an Masochismus grenzende köperliche Belastungen, aber auch positiv bewertete Aktivitäten wie Tanz, Spiel oder Sportarten, die in rauschähnliche, selbstvergessene Zustände entführen können. Den meisten dieser Fluchtstrategien ist gemeinsam, daß sie *körperzentriert* sind: Indem alle Konzentration auf den Körper und seine Empfindungen und Zustände gelenkt wird, können die anderen, nichtkörperlichen Aspekte des Selbst um so leichter ausgeblendet werden. Die Konzentration auf die Physis entlastet die Psyche: Der Mensch ist eine Zeitlang »nur noch Körper«, und die psychischen und sozialen Anteile des Selbst können vorübergehend »vergessen« werden. Das Selbst verschwindet also nicht völlig, es wird aber auf seine physische Grundlage, auf eine Minimalidentität zurückgeschraubt.

Jeder Mensch ist heute Träger unterschiedlichster Rollen, Erwartungen, Verpflichtungen und Selbstbilder. Er ist beispielsweise Arbeitnehmer, Ehepartner, Wähler, Konsument, Fernsehzuschauer, Urlauber, Nachbar, Vater oder Mutter, Tochter oder Sohn, Freund, Verkehrsteilnehmer, Vereins-, Gemeinde- und/oder Parteimitglied, und so weiter. In all diesen Rollen versucht er, bestimmten Erwartungen gerecht zu werden, die Erfahrungen zu ordnen, zu einer Teilgeschichte seines Lebens zu verarbeiten und die Zukunft zu planen. Das ist keine einfache, sondern tendenziell eher eine immer komplizierter werdende Aufgabe, verbunden mit vielfältigen Reflexionen und Selbstdefinitionen. Mit der Flucht vor dem Selbst verschwinden all diese Pflichten und Zwänge – der Mensch ist nur noch Körper, vollauf mit seinen Empfindungen beschäftigt und von sich selbst absorbiert. Alles Analysieren, Erinnern,

Planen, Meinen, Schließen, Hoffen, Vergleichen und Denken ist für die Dauer der intensivierten Körperempfindung ausgesetzt.

Das so stillgelegte Selbst befindet sich im Zustand einer gewollten, entlastenden Sinnlosigkeit. Diese Entlastung ist dann hochwillkommen, wenn wir durch öffentliche Kritik, durch Niederlagen oder Versagen eine Beschädigung unseres Selbstbildes befürchten müssen, aber auch wenn wir »nur« vor uns selbst ungenügend waren und den eigenen Standards nicht entsprochen haben. Selbstbewußtsein und Selbstachtung sind dann – zumindest vorübergehend – lädiert, und es ist schmerzhaft, manchmal geradezu unerträglich, sich auch noch analysierend mit diesem Zustand auseinanderzusetzen. Wer dies dennoch tut und über Schwächen oder »Versagen« allzu intensiv grübelt, gerät in Gefahr, langfristig Schaden an seiner Selbstachtung zu nehmen. Er wird entweder depressiv oder vermeidet in Zukunft ängstlich solche Situationen, in denen ähnliche Beschädigungen drohen. Wann immer wir uns inkompetent, unmoralisch, unattraktiv oder einfach nur ungeschickt oder lächerlich fühlen, wollen wir diesen Zustand gerne schnell beenden – und würden uns deshalb am liebsten selbst vergessen.

Der Stich ins aufgeblähte Selbst

Es gehört zu den Besonderheiten der menschlichen Psyche, daß wir ein leicht überhöhtes, geschöntes und mitunter illusionär ins Günstige verzerrtes Selbstbild pflegen: Sozialpsychologische Untersuchungen haben gezeigt, daß sich die meisten Menschen in bezug auf alle möglichen Standards für besser halten »als der Durchschnitt«. Sie fühlen sich als bessere Autofahrer, Liebhaber, Arbeiter oder Hobbyköche, sie glauben von sich, im Beruf und in vielen anderen Bereichen besser zu sein als die Masse ihrer Mitmenschen und Konkurrenten. Dieses leicht hypertrophe Selbstbild gerät aber immer dann ins Wanken, wenn allzu deutliche Hinweise verarbeitet werden müssen, daß es vielleicht doch nicht der Realität entspricht. Wann immer wir mit der Nase darauf gestoßen werden, daß wir vielleicht doch nicht so gut sind und inadäquat, ungeschickt, manchmal geradezu dumm und unbedarft agieren, trifft uns das härter, als es den Tatsachen entspräche. Denn wir isolieren dieses Ereignis nicht zeitlich, sehen es nicht als »Ausrutscher« oder eine Momentaufnahme, sondern beziehen es auf die für überdauernd und stabil gehaltenen Eigenschaften unseres Selbst. *Eine* Lüge macht uns zum Lügner, *eine* nicht bestandene Prüfung macht uns zum Dummkopf, *ein* Fauxpas macht uns zum ungeschickten Trottel.

Selbst wenn wir uns an die zahlreichen Gelegenheiten erinnern können, bei denen wir geschickt, ehrenwert und klug agiert haben, fühlt sich unser Selbst bedroht. Allein der Drang, auf solche »besseren Zeiten und Seiten« hinzuweisen, beweist dies. Wir sehen in den Spiegel – und sehen uns kleiner und häßlicher, als wir es bis dahin von uns glaubten. Die Reflexion läßt uns an uns im selben Maße selbst zweifeln, wie wir uns vorher überschätzt haben, und wir versuchen, dem lädierten Selbstbild zu entkommen.

Manche Fluchten vor dem Selbst erscheinen paradox und verstörend; denn sie scheinen den Schmerz, der mit dem beschädigten Selbstbewußtsein verbunden ist, sogar noch zu vergrößern, ja sie enden nicht selten sogar in Selbstsabotage und Selbstzerstörung.

Selbstsabotage als Mittel der Selbstrettung

Oberflächlich betrachtet sind Selbstfluchten in Form von Selbstsabotage äußerst irritierend – denn sie widersprechen dem »normalen« menschlichen Verhalten, das doch ganz darauf angelegt zu sein scheint, Schmerz und Schaden zu vermeiden und Lust, Erfolg und Befriedigung zu maximieren. In der Regel scheint das Problem, vor allem in der Überflußgesellschaft, eher darin zu liegen, Menschen in ihrem Lust- und Gewinnstreben zu zügeln, nicht aber, sie vor sich selbst zu schützen. Akte der Selbstschädigung muten paradox und unverständlich an – zumal in Zeiten, in denen Hedonismus und Egoismus zu Leitwerten geworden sind.

Die bewußte, absichtliche, gleichwohl irrational erscheinende Demontage der eigenen Persönlichkeit, des eigenen Erfolges, manchmal sogar des eigenen Lebenswerkes ist ein solches psychologisches Paradox, daß selbst Sigmund Freud keine schlüssige Erklärung finden konnte – und deshalb als »Notlösung« den »Todestrieb« erfand, der dem Lustprinzip entgegengesetzt sei. Daß Menschen sich in aussichtslose Situationen manövrieren, indem sie beispielsweise immer wieder einen Partner suchen, mit dem sie nicht glücklich werden können, erklärte Freud mit dem »Wiederholungszwang«, der unbewußten Inszenierung eines auf die ödipale Phase zurückgehenden Kindheitsdramas. Im Wiederholungszwang zeige sich außerdem eine unbewußte Form der Selbstbestrafung für »verbotene« aggressive und sexuelle Impulse gegenüber den Eltern und anderen Autoritätsfiguren. Und schließlich nahm Freud an, daß besonders bei Frauen eine angeborene Bereitschaft vorhanden sei, aus Schmerzen Lust zu destillieren – Masochismus.

Im Licht der neueren Selbstpsychologie jedoch läßt sich das Selbstschädigungsparadox sehr viel plausibler auflösen: Die Formen der Selbstsabotage sind nichts anderes als komplizierte, manchmal bizarr anmutende Strategien der Selbstrettung, des Selbstschutzes vor noch größeren Gefahren, als sie die nur scheinbar unsinnige Selbstschädigung darstellt.

Besonders dramatisch und verwirrend wirken Fälle von Selbstsabotage, wenn sie sich sozusagen einen Schritt vor den Gipfel eines persönlichen Erfolges ereignen. Ein großer Sieg, ein lange angestrebtes Lebensziel sind in Reichweite – und im letzten Augenblick vermasselt der Selbstsaboteur alles. Angesichts des bevorstehenden und geradezu unausweichlichen Triumphes bekommt er weiche Knie und versagt – ein Phänomen, das oft als »Furcht vor dem Erfolg« bezeichnet worden ist.

Aber woher rührt diese Angst? Warum war sie nicht schon vorher wirksam? Warum erst in letzter Minute? Am spektakulärsten agieren die »Erfolgsverhinderer in eigener Sache« im Sport: Verschossene Elfmeter in entscheidenden Spielen sind der Stoff, aus dem negative Sportlerlegenden gewoben werden. Die Betroffenen müssen zumindest den Rest ihrer sportlichen Karriere mit dem Makel des nervenschwachen Versagers leben.

Aber auch in Politik und Wirtschaft ist das »unbegreifliche« Stolpern beim letzten Schritt nicht selten. Statt Vorfreude und Genugtuung empfinden Selbstsaboteure plötzlich den ungeheuren Druck der Erwartung. Der psychologische Schlüsselmechanismus bei dem nun folgenden Versagen ist die plötzliche und überwältigende Selbstaufmerksamkeit. In Prüfungs- oder Bewährungssituationen beispielsweise sind Komplimente und Belohnung oft kontraproduktiv – denn sie lenken die Aufmerksamkeit des Akteurs verstärkt auf sich selbst, er fühlt sich wie auf dem Präsentierteller, beäugt und beurteilt, und schließlich wird er unsicher und verkrampft.

Die Angst, »sichtbar« zu sein

Die Psychotherapeutin Karen Horney hat beobachtet, daß manche Patienten in der Psychoanalyse gerade dann ihre Therapie sabotieren, wenn sich eine deutliche Verbesserung oder ein Durchbruch abzeichnet. Sie hat diese Form der Verweigerung und Selbstsabotage als Angst interpretiert, sich nach dem Erfolg der Therapie nun erhöhten Ansprüchen und möglicherweise auch stärkerer Kritik aussetzen zu müssen.

Es scheint, als ob Selbstsaboteure lieber in ihrem objektiv unbefriedigenden Status verharren, als sich positiv weiterzuentwickeln. Denn dieser Fortschritt macht sie »sichtbarer« und dadurch angreifbarer. Dieses Verhalten ähnelt dem von hochbegabten Schülern, die weit unter ihrem Leistungsniveau bleiben (die sogenannten *underachievers*), um ja nicht aufzufallen und sich vielleicht als Streber die Gunst ihrer Mitschüler zu verscherzen. Sie scheuen »die Last des Erfolges«, die die Pflicht zur Weiterentwicklung der eigenen Persönlichkeit mit sich bringen würde.

Die Furcht, das eigene Selbst zu exponieren und den kritischen Blicken anderer preiszugeben, entsteht offenbar während der Pubertät: Bis zum Alter von zwölf Jahren genießen es Kinder offensichtlich, wenn ihnen andere bei musischen, schulischen oder sportlichen Aktivitäten zusehen. Vor Publikum sind ihre Leistungen sogar deutlich besser als ohne Publikum.

Dies ändert sich jedoch abrupt während der Adoleszenz – Teenager lassen in ihren Leistungen oft stark nach, wenn andere zusehen. Sie reagieren verunsichert und verkrampft. In dieser kritischen Lebensphase, in der sie ohnehin vollauf damit beschäftigt sind, sich mit Selbstzweifeln und den Problemen der eigenen Identität herumzuplagen, verstärken Zeugen nur das unangenehme

Selbstbewußtsein, in dem sie die Selbstaufmerksamkeit
erhöhen.

Die beste Ausrede von allen: Ich war gehandicapt!

Auch der Genuß von Alkohol ist eine Form der Selbstsabotage – eine bewußt in Kauf genommene Selbstschädigung, die weit über den unmittelbaren sinnlichen
Genuß hinaus eine psychisch entlastende Funktion hat:
Ein paar Gläser Wein oder Bier verringern die als unangenehm empfundene Selbstaufmerksamkeit, und die
sprichwörtliche Antwort darauf, warum jemand trinkt –
nämlich um zu vergessen –, muß ergänzt werden durch
den Zusatz: Der Trinkende will vor allem *sich selbst*
vergessen. Er will nicht »bei sich« bleiben und mit seinen
Problemen konfrontiert sein.

Auch das Aufschieben und Hinauszögern von zu er-
ledigenden Aufgaben beweist sich als eine Form der
Selbstsabotage, die vor allem als psychischer Selbstschutz
zu begreifen ist. Zauderer und Aufschieber genießen keineswegs die »freie Zeit«, die sie durch ihre Taktik gewonnen haben. Faulheit ist nicht ihr eigentliches Motiv,
vielmehr scheuen sie den Augenblick der Wahrheit, in dem
ihre Leistung gemessen und bewertet wird.

Die sogenannte Schreibblockade bei Schriftstellern ist
die maskierte Angst, vielleicht doch nicht gut genug
zu sein und sich einer gnadenlosen Kritik ausgesetzt zu
sehen. Wenn dann doch noch produziert wird – unter
großem Zeitdruck, bei bereits überzogenen Terminen
und in aller Hast und Eile –, dann läßt sich aus der
Taktik des Verzögerns ein Argument des Selbstschutzes
ableiten: Die wahrscheinlich unbefriedigende und unzu-

reichende Leistung kann gar nicht mehr von der vollen Härte der Kritik getroffen werden, denn sie ist ja unter erschwerten Bedingungen, unter Zeitdruck zustande gekommen.

Das Verzögern und Hinausschieben ist eine Form des selbstauferlegten Handicaps, der bewußten Behinderung der eigenen Leistungsfähigkeit. Es gibt andere, wesentlich bizarrere Spielarten dieser Selbstbehinderung: Der große französische Schachspieler Deschapelles war nicht so sehr für sein Spiel berühmt, sondern vor allem für eine Marotte, die er viele Jahre pflegte. Auf der Höhe seines Könnens beschloß er, jede Partie mit einem Handicap zu beginnen – er bestand darauf, daß der jeweilige Gegner einen Bauern seiner Wahl schlagen durfte, noch bevor der erste Zug getan war. Außerdem mußte der Gegner jedesmal mit den weißen Figuren das Spiel beginnen. Was steckte hinter dieser Selbstschwächung? Keineswegs, wie zunächst vermutet wurde, die Arroganz eines Großmeisters, sondern eher der seltsame Versuch, sein Selbstgefühl zu schützen. Verlor er nämlich ein Spiel, so konnte er es ohne weiteres auf das Handicap zurückführen. Gewann er dennoch, war der Sieg um so mehr wert, denn er wurde trotz des Handicaps errungen. Mit anderen Worten: Deschapelles verlagerte die »Verantwortung« für sein Spiel auf einen externen Faktor, nämlich auf das Handicap.

Was hätte aus mir alles werden können...

Sich selbst bewußt und gezielt zu behindern kann auch im großen Schachspiel des Lebens eine Strategie sein, aus der sich trotz der daraus entstehenden Nachteile beträchtliche psychologische Gewinne ziehen lassen. Mit dem Verweis auf das Handicap lassen sich Fragen nach persönlicher

Kompetenz (die wiederum das Selbst tangieren würden) abschmettern, die Ursachen für ein Versagen oder Scheitern liegen nicht mehr in der Person, sie sind quasi externalisiert worden. Das Selbsthandicap soll verhindern, daß Eigenschaften und Fähigkeiten »pur« beurteilt werden können, denn es verwischt die Spuren eines bestimmten Verhaltens, die möglicherweise zum Selbst führen könnten.

Ein beliebtes Mittel, um sich kurzfristig durch ein Handicap der vollen Verantwortung zu entziehen, ist Alkohol. Längst ist regel- oder gar übermäßiger Alkoholkonsum kein soziales Stigma mehr, im Gegenteil: In vielen Fällen dient Alkoholkonsum als Entschuldigung, zumindest aber als mildernder Umstand für Verfehlungen und Minderleistungen aller Art. Wer unter Alkoholeinfluß versagt, kann dieses Versagen dem Dämon Alkohol anlasten. Seine »wirklichen« Fähigkeiten, die Persönlichkeit sind der Kritik weitgehend entrückt.

So kann Alkohol für besonders exponierte Menschen zur »idealen« Droge werden, mit der sie ihre Selbstachtung bewahren können. Künstler und Politiker beispielsweise, die sich immer wieder unter den Augen einer kritischen Öffentlichkeit bewähren müssen, werden häufiger als andere Menschen von der Angst gequält, zu versagen oder den selbstgewählten und selbstpropagierten Standards nicht zu entsprechen. Und wer das Gefühl hat, daß er im Grunde »unverdient« einen herausragenden Platz in der Gesellschaft einnimmt, weil ihn glückliche Umstände oder die Förderung anderer dorthin getragen haben, den plagt zudem die Furcht, »entlarvt« zu werden. Exzessive Beschäftigung mit dem Selbstwert ist ein starkes Motiv, die Strategie des Selbsthandicaps einzusetzen: Wer sein Gesicht um jeden Preis wahren will, fügt sich selbst eine wohlkalkulierte Behinderung zu, um so einer wirklichen Kritik zuvorzukommen.

Selbst die extreme Zuwendung zu einem anderen Menschen kann als Strategie interpretiert werden, die verhindern soll, daß die eigenen Fähigkeiten ernsthaft auf den Prüfstand kommen. Der Psychiater Eric Berne hat dies als ein »Erwachsenen-Spiel« beschrieben, dessen Name lautet: »Wenn ich nicht für dich da sein müßte... (könnte ich beruflich erfolgreich sein, viele Freunde haben...« und so weiter). Der Spieler dieses Spiels will aber der Bewährungssituation im Grunde ausweichen, und er flüchtet sich deshalb in eine Handicapsituation, in eine scheinbare Opferrolle, die ihm erlaubt, sein Gesicht zu wahren.

Menschen versuchen auf oft paradoxe und unverständlich erscheinende Weise, ihre psychische Stabilität und ihr Selbstwertgefühl zu retten. Dabei wenden sie manchmal Strategien an, die einen »Sieg in der Niederlage« bewirken und deren psychischen Gewinn nur sie selbst kennen. Für Außenstehende bleibt das Manöver meist undurchschaubar und unverständlich. In fast allen Szenarien der Selbstsabotage aber geht es um die Selbstachtung, die um jeden Preis geschützt und gerettet werden soll.

4. Kapitel

WAS WILL ICH?

Die Tretmühlen des Glücks und der asketische Impuls

Ich kann allem widerstehen, nur nicht der Versuchung.

(Oscar Wilde,
Lady Windermeres Fächer)

Mich stört auch die in der 68er Bewegung geborene hedonistische Einstellung: Alles ist erlaubt, was Spaß macht. Das ist zutiefst unmoralisch. Menschliches Leben ist der dauernde Kampf gegen die Versuchung.

(Friedhelm Farthmann in einem Interview mit der »Woche«)

Die Menschen in der Postmoderne haben durch den heimlichen Lehrplan der Möglichkeitsgesellschaft gelernt, daß sie ihres Glückes Schmied sind. Sie leben im Konjunktiv: Sie könnten, sollten, müßten das Beste aus ihrem Leben machen. Bietet ihnen die Gesellschaft denn nicht jede Möglichkeit, sich selbst zu verwirklichen, fit, gesund, glücklich, angesehen und erfolgreich zu sein? Haben sich nicht Bildungschancen und Konsumoptionen ins Unendliche vervielfältigt? Hat sich nicht die Freizeit immer weiter in die Arbeitszeit hineingefressen, so daß Politiker schon moralisierend von einem »Freizeitpark Bundesrepublik« glauben reden zu müssen? Und: Sind nicht gleichzeitig die Zwänge und Verpflichtungen verschwunden, die früher so viel Zeit und Energie aufgefressen haben? Lassen sich nicht die vormaligen Lebensaufgaben wie Erziehung, die Pflege älterer Familienmitglieder, politische und gewerkschaftliche Arbeit und vieles andere an Profis delegieren, die das alles viel besser können?

Nie zuvor in der Geschichte ist das eigene Leben so sehr zum persönlichen Projekt geworden, zur großen Chance, selbstgesetzte Ziele zu erreichen und ganz einfach glücklich zu sein. Die »Erlebnisgesellschaft« hat offenbar endgültig die rigideren, asketischeren, anstrengenderen Lebens- und Gesellschaftsmodelle abgelöst, in denen Glücksmomente höchstens der Preis waren für jahrelange Mühen, für kontinuierliche und entsagungsvolle Arbeit, für Triebverzicht, Aufopferung und Kampf.

Heute können wir tun, wozu wir Lust haben – und wir wollen dieser Lust sofort frönen, wir wollen das Angebot in seiner Breite ausschöpfen, wir wollen uns selbst verwirklichen –, und das geschieht inzwischen am leichtesten dadurch, daß wir ständig etwas erleben. Der Soziologe Gerhard Schulze, »Entdecker« der »Erlebnisgesellschaft«, formulierte es so: »Der kleinste gemeinsame Nenner von Lebensauffassungen in unserer Gesellschaft ist die Gestaltungsidee eines schönen, interessanten, subjektiv als lohnend empfundenen Lebens. … Das Projekt des schönen Lebens ist das Projekt, etwas zu erleben.« So ist aber selbst das Vergnügen zu einer Arbeit, einer immerwährenden Aufgabe geworden: Die Gestaltung des Lebensplanes, der Genuß freier Zeit, das Wahrnehmen von Erfolgs- und Glückschancen und der Erwerb entsprechender Symbole sind die neue, alles umfassende Lebensprogrammatik des Selbst.

Eine wachsende Fülle von Erlebnismärkten und Erlebniswelten bildet das schier unendliche Angebot, das uns zu diesem Zwecke zur Verfügung steht. Wir haben die Wahl – gleichgültig, worum es geht: Essen, Unterhaltung, Urlaub, Gesundheit, Information, Bildung und so weiter. Aus der Wahl wird jedoch das Wählenmüssen, und gleichzeitig wird die Illusion völliger Wahlfreiheit durch noch immer vorhandene, wenn auch propagandistisch verschleierte Grenzen eingeschränkt: Finanzielle Mittel sind immer noch eine wesentliche Voraussetzung, um sich wirklich frei auf dem Erlebnismarkt zu bewegen, und auch die wachsende »Freizeit« entpuppt sich in zunehmendem Maße als eine Illusion: Die Sphäre der sogenannten Reproduktion, also die Zeit, die für Erholung, Körperpflege, Wiederinstandsetzung von Ressourcen, für Behördengänge, Einkäufe, Reparaturen und so weiter gebraucht wird, frißt sich in die Zeitbudgets hinein, die für echte Muße und selbstbestimmte Tätigkeiten zur Verfügung stehen. Und schließlich entstehen neue Begrenzungen des Zuganges zum »Projekt des glücklichen Lebens«. Neue Formen der Exklusivität sind entstanden, und immer noch bleiben großen Teilen der Bevölkerung Lebensbereiche verschlossen, die sie aber durch die Medien kennen: Das Schlaraffenland hat viele verbotene Zonen, Bezirke, die unzugänglich bleiben oder unzugänglich gemacht werden.

Das mühsame Leben à la carte

Selbstverbesserung, Selbstverwirklichung und das Streben nach Selbstperfektion sind zu Lebenszielen geworden, ganz einfach auch deshalb, weil sie uns prinzipiell *möglich* erscheinen: Der Individualisierungsschub in den letzten Jahrzehnten, die Vermehrung von Alternativen im Lebensentwurf, neue Lebensformen und die zunehmende Befreiung von einengenden Zwängen und Traditionen haben aus vielen Menschen Lebensunternehmer gemacht, deren Ziel die Optimierung ihrer Erfolgs- und Glücksbilanz ist. Da sie aber auch selbst die Voraussetzung für dieses Glück schaffen müssen, da sie sozusagen »fit for fun« bleiben müssen, um dem Leben das Beste abzugewinnen, ist permanente Arbeit an eben diesen Voraussetzungen nötig: Gutes Aussehen, Gesundheit, beruflicher Erfolg, gelingende Partnerschaft und Elternschaft sind Bedingungen von Lebensglück in der Erlebnis- und Optionsgesellschaft. Entsprechend verhalten sich die Menschen in der Postmoderne so, als ob ihr Leben eine Abfolge von Verbesserungsschritten auf dem Weg nach oben sei – wobei »oben« weniger hierarchisch als emotional gemeint ist.

Die insistierende und omnipräsente Gehirnwäsche durch die Massenmedien ist erfolgreich dabei, in den Köpfen perfekte Leitbilder zu verankern – und gleichzeitig deren Illusionshaftigkeit und Irrealität zu verschleiern. Die Jagd nach dem individuellen Glück jedoch gerät so immer häufiger zum Rennen in diversen Tretmühlen: Das Arbeiten an den Vorbedingungen eines unrealistischen Glücksmodells wird zum Selbstzweck, und die vielfältigen Mühen der Selbstvervollkommnung erlauben es immer seltener, näherliegende Glücksgelegenheiten zu erkennen. Zu absorbierend und anstrengend ist die vermeintliche Optimierung und Perfektionierung der eigenen Persönlichkeitspotentiale. Erschöpfung, Frustration und eine sich allmählich ausbreitende innere Leere treten an die Stelle des ursprünglichen Optimismus, und das Projekt des »Alles-haben-Könnens« und »Alles-sein-Wollens« scheitert mittelfristig an den physischen und psychischen Grenzen des einzelnen.

Erfolg, Wohlstand, Glück in Liebe und Familie sollten die Instrumente des Glücks werden, aber unrealistische Ziele und Erwartungen lassen sie in den Augen der Glücksjäger zu nur unbefriedigenden Teilerfolgen schrumpfen. Erst allmählich und nach großen, vergeblichen Anstrengungen dämmert die Erkenntnis: Vielleicht ist Glück doch kein »Projekt«, kein Ziel, das man systematisch und mit kalkuliertem Aufwand anstreben könnte?

Bereits 1958 hat John Kenneth Galbraith den materiellen Überfluß als das eigentliche Schwungrad der westlichen Industriegesellschaften beschrieben. Im ständig steigenden Konsum von möglichst vielen Produkten durch möglichst viele Menschen liege das Erfolgsrezept der westlichen Marktwirtschaft. Die Kreditkarte ist geradezu das Symbol der Lebensweise in der Konsumgesellschaft geworden, deren Hauptproblem inzwischen darin besteht, ob die Warenproduzenten genügend »Virtuosität in der

Überredung« (Galbraith) besitzen, um den Konsum so zu stimulieren, daß der Verbrauch mit der bereits in früheren Jahrzehnten erreichten »Virtuosität der Produktion« schritthalten kann. In den sechziger Jahren sah Pier Paolo Pasolini den »Consumismo« als eine Form der gewaltlosen, aber unerbittlichen Repression, als eine »Revolution von rechts«, die in einem »hedonistischen Faschismus« münde, eine Gesellschaftsform, in der sich die Menschen nur noch über Konsumgüter verwirklichen könnten.

Die sechziger und siebziger Jahre sahen denn auch den Höhepunkt einer Wohlstands- und Überflußkritik, eine erste Reaktion auf Übersättigung und Desorientierung durch das Überangebot an allem. »Konsumterror« hieß das Schlagwort, das ausgerechnet von den Kindern einer saturierten Mittelschicht geprägt worden war. Aber das Unbehagen am Immer-Mehr und der intellektuelle Widerstand gegen den Konsumismus sind in diesen Jahrzehnten doch die Sache von Außenseitern und Minderheiten geblieben, zumal von solchen, die bereits die Segnungen der Überflußgesellschaft genossen hatten und nun ihre Sinnkrisen artikulierten. Für die Mehrheit bestand dagegen zunächst noch die »Mittelkrise« – sie begann erst jetzt, ihren Nachholbedarf zu decken und den Visionen von Wohlstand und materiellem Glück nachzujagen.

Konsumkritik, die zweite: Noch einmal, mit Verstand!

Heute jedoch scheint die Zeit reif zu sein für eine umfassendere und begründetere Kritik: Immer deutlicher artikuliert sich der Überdruß am Überfluß, immer häufiger entziehen sich die Menschen dem Zwang zum Kaufen,

Konkurrieren, Konsumieren. Viele verweigern sich bereits dem lange Zeit verbindlichen Lebensmodell, sich über materiellen Erfolg und Konsum zu verwirklichen. Heute gibt es ein Nebeneinander von immer noch vorhandenen »Nachholern« und »Materialisten« und von solchen Gruppen, die jenseits der diversen Freß-, Reise- und sonstigen Konsumwellen neue Symbole des Erfolgs, des Glücks und der Selbstverwirklichung suchen – in verfeinerten, exklusiveren und distinguierteren Lebensmodellen und Lebensstilen.

Immer öfter finden solche Gruppen Gehör, die auf die Überwältigungs- und Vereinnahmungsversuche der Produzenten und Propagandisten des Konsums kritisch reagieren und Gegenmodelle entwerfen. Diese neue Verweigerungsbewegung beruft sich weniger auf die systemkritischen Ideen der siebziger Jahre, als das Abfackeln von Kaufhäusern ein kindisch-gewalttätiger Ausdruck des Protestes gegen den »Konsumterror« war. Und sie ist auch nicht der »sanften Verblödung« der New-Age-Ideologie zuzurechnen, die den bösen Spätkapitalismus mit esoterischen und idyllischen Visionen eher verbrämt, als eine Alternative zu entwerfen.

Der Ausgangspunkt der neuen Konsumkritik ist ein anderer: Das vage, nagende Gefühl, daß irgend etwas grundsätzlich mit ihrem Leben nicht stimmt, ist für viele Menschen zum Auslöser geworden, ihre eigene Lebensweise zu überdenken. Für sie ist Entgrenzung – vor allem die Entgrenzung in Konsum- und Erlebnismöglichkeiten – eine Schlüsselerfahrung geworden, auf die sie nun mit kritischer Reflexion des eigenen Lebensentwurfs reagieren. Es sind nicht nur die täglich schlechteren Nachrichten über den Zustand der Welt, die sie nachdenklich machen, sondern es ist vor allem die Doppelspirale aus Langeweile und Überforderung in ihrer eigenen, unmittelbaren Lebenswelt.

Gesundheitliche Probleme sind häufig ein erster Anlaß zum Innehalten und zum Überprüfen der eigenen Werte und Lebensgewohnheiten. Der schleichenden Verfettung, Vergiftung und Verdummung begegnen viele zunächst noch mit begrenzten und kompromißhaften Korrekturversuchen – etwa in Form von Light-Produkten, alkoholarmem Bier, Halbfettbutter, Süßstoff statt Zucker, etwas mehr Bewegung statt mehr Fernsehen, und so weiter.

Solche eher symbolischen Versuche, der Konsumfalle zu entkommen, sind für viele jedoch erst der Auftakt, sehr viel gründlicher die eigene Existenz zu überdenken. Zumal diese bescheidenen Steuerungsversuche zunächst ja nichts weiter sind als eine neue Marktchance für jene Produzenten, die in den Selbstverbesserungs- und Selbstheilungswünschen einer wachsenden Zahl von Menschen nur einen neuen, noch diversifizierteren Markt sehen.

Mit dem Ausstieg aus den Tretmühlen des Konsumkapitalismus, in der Ablehnung des blinden Strebens nach den Glücksverheißungen dieser Gesellschaft verändert sich das Selbstbild, dessen Kern ein neues Gefühl für Integrität darstellt – eine Form des Selbstschutzes vor den Zumutungen und Erwartungen der Waren-, Erlebnis- und Konsumgesellschaft.

Warum warten? Genieße jetzt, bezahle später!

Wie ist der westliche Mensch überhaupt in dieses Schlaraffenland der Möglichkeiten und des unbegrenzten Konsums hineingeraten – ein Schlaraffenland, das ihn so schlaff, gelangweilt und krank gemacht hat und aus dem er nun wieder durch bewußten Verzicht, durch asketische

Anstrengung entfliehen will? Ironischerweise war es gerade die Askese, die Härte gegen sich selbst, durch die erst die Voraussetzungen für den heutigen Überfluß an Waren und Dienstleistungen geschaffen wurden. Die protestantisch geprägte Arbeitsethik des Industriezeitalters mit ihren Werten Fleiß, Verzicht und Disziplin – von Max Weber als »innerweltliche Askese« beschrieben – formte die Sozialcharaktere des Frühkapitalismus, die erst den gesellschaftlichen Reichtum schufen und jene technische Perfektion entwickelten, auf denen heute die Überflußgesellschaft gründet.

Mit dem Übergang des Kapitalismus in den sogenannten »Spätkapitalismus«, der eine entgrenzte Konsumgesellschaft ist, wurden die asketisch geprägten und auf Verzicht getrimmten Charaktere jedoch eher unzeitgemäß: Die mühsam antrainierten Tugenden aus der Gründerzeit – also Bedürfnisaufschub, Sparsamkeit, Verzicht um höherer Ziele willen – wichen allmählich einem neuen Erziehungsziel, das auf sofortigem Genuß und späterem Bezahlen basiert: Genieße jetzt, mach jetzt Urlaub, geh jetzt essen, kauf dir jetzt Kleider – und bezahle später.

Die mühsam genug erworbenen Fähigkeiten zur Sublimation, zum Triebverzicht und die geradezu als Definition des reifen Erwachsenen gepriesene Ich-Stärke sind nun nahezu obsolet, Relikte eines Sozialcharakters, der vor allem durch Arbeitsfähigkeit und Produktivität des Individuums bestimmt war. Die volkstümliche Variante dieser Erziehung zum Aufschub lautete: »Erst die Arbeit, dann das Vergnügen«, eine Maxime, die in der Erlebnis- und Optionsgesellschaft tagtäglich unterlaufen und ad absurdum geführt wird.

Die Sphären von »Arbeit« und »Vergnügen« sind längst nicht mehr strikt voneinander getrennt, sie durchdringen sich immer mehr: Freie Zeit ist heute vor allem Konsumzeit, und die inoffizielle Konsumlizenz – tagtäglich erteilt durch eine omnipräsente Werbung und Warenfülle – erlaubt längst das früher Verpönte, nämlich »über die Verhältnisse zu leben« und Schulden zu machen.

Diese Umformung des Menschen zum *Homo consumens* hat nach dem Zweiten Weltkrieg begonnen. Der Psychologe Philip Cushman beschreibt diesen Vorgang als eine allmähliche »Entleerung des Selbst«. Diese Aushöhlung ist ein dramatischer und weitreichender Prozeß, der nicht nur die psychische Voraussetzung für die Überflußgesellschaft und den Konsumkapitalismus geschaffen hat, sondern gleichzeitig das jahrhundertelang gepflegte Ideal eines autonomen Selbst unterminiert und schließlich gründlich zerstört hat.

Der selbst-bewußte Mensch, der sich als Person für einmalig und unverwechselbar halten durfte, ist demnach eine Figur der Vergangenheit. Dieses Selbstbild, das vor allem in der Epoche der Aufklärung dominierte, betonte den Wert des Individuums und seine Entfaltungs- und Entwicklungsmöglichkeiten. Das Selbst sollte endlich – nach Jahrhunderten der Unterdrückung – Herr seines Schicksals, seiner Entscheidungen sein.

Aber längst hat sich der »Ort der Kontrolle« über dieses Schicksal verlagert. Er liegt nicht mehr in der Persönlichkeit, im Charakter des einzelnen, er ist vielmehr in den zahlreichen Manipulations- und Kontrollinstanzen der ihn umgebenden Konsumgesellschaft zu suchen. Damit diese Fremdkontrolle greifen kann, war es nötig, eine Art psychisches Vakuum zu schaffen durch die systematische Entwertung des alten »Inhalts« – also aller verinnerlichten Traditionen, Tugenden, Wertsysteme und des Sinns für Gemeinschaft.

Der neue Imperativ: Du darfst!

Den Verlust von Sinn und Ziel in der Gesellschaft als ganzer erlebt der einzelne jedoch als ganz persönliches Versagen, er gibt sich selbst die Schuld für den Verlust an Überzeugungen, Werten und Sicherheiten. So leidet er an einem chronischen emotionalen Hunger, einer frei flottierenden Sehnsucht nach Bindungen und Sicherheiten, gepaart mit gleichzeitiger Unfähigkeit, solche Bindungen einzugehen und zu ertragen – ein Syndrom, das uns am ausgeprägtesten in narzißtischen und Borderline-Störungen entgegentritt.

Die psychische Zurichtung des heute adäquaten Sozialcharakters kreist nicht mehr darum, Impulskontrolle und Triebaufschub zu vermitteln – sie muß vielmehr die Wünsche nach Trost, Sinn und Zusammenhang manipulieren und beschwichtigen. Dies geschieht, indem das »leere Selbst« immer wieder – allerdings nur für den Moment – aufgefüllt wird. Das psychische Vakuum muß ständig mit Konsumgütern, Kalorien, Erlebnissen, Unterhaltung und Politiksymbolen vollgestopft werden. Wenn dies noch nicht ausreicht, dann dienen als »Füllmaterial« auch das »Verständnis« und die »Empathie« von professionellen Lebenshelfern.

Der nie abreißende Strom von Waren und Erlebnissen dient letztlich dazu, den Schmerz der inneren Leere zu dämpfen und ihn nicht übermächtig werden zu lassen. Wachsende Entfremdung und die Fragmentierung der Lebenserfahrung können so verdeckt und Verhaltensunsicherheiten überspielt werden.

Der heimliche Konsens unserer heutigen Kultur besteht darin, unablässig Produkte hervorzubringen, die im Grunde nicht wesentlich für das Leben sind und die schnell veralten. In gleicher Weise werden Menschen als »Prominente« oder Augenblicksberühmtheiten hervorgehoben –

in den berühmten Warholschen 15 Fernsehminuten, in Shows und im Sport –, um Erlebnisse der flüchtigsten Art zu vermitteln. So erfüllt sich allmählich die Prophetie von David Riesman, der die Heraufkunft des neuen »außengeleiteten Menschen« beschrieben hat, einen anpassungsfähigen und flexiblen Typen, der sich in das Spiel von Versuchung und Konsum, von Statussymbolen und Erlebnisangeboten reibungslos eingliedern läßt. Dieser Sozialcharakter scheint nun perfektioniert zu sein, und damit er als Teilnehmer des ihn umgebenden Konsumsystems optimal funktioniert, gibt es eine Reihe neuer Spezialberufe, die an der Vervollkommnung des Systems arbeiten.

Eine Schlüsselrolle bei der psychischen Konditionierung des heutigen Menschen kommt dabei der Werbung zu. Seit einigen Jahrzehnten hat sie es als Aufgabe übernommen, den Menschen Leitbilder und Orientierungen vorzugeben – sie löste dabei die älteren Instanzen wie Familie, Religion und Philosophie ab. Heute bestimmen Werbe- und Marketingexperten, was sozial korrektes Verhalten, guter Geschmack, sinnvolles Leben und Glück sind.

Die Pseudokultur des Lifestyles

Die Kontinuität im Konsum und der ständig stimulierte Kaufhunger können nur dann erhalten und noch gesteigert werden, wenn möglichst viele Wünsche und Phantasien an Waren- und Erlebnis- beziehungsweise Dienstleistungsangebote gekoppelt werden. Am »Gebrauch« der weiblichen Brust in der Werbung verdeutlicht Peter Sloterdijk, wie der unstillbare Hunger des »leeren Selbst« zugleich stimuliert und ausgebeutet wird: »In der modernen Medien- und Modezivilisation herrscht ein atmosphärisches

Gemisch aus Kosmetik, Pornographie, Konsumismus, Illusion, Sucht, Prostitution, für das die Enthüllung und Abbildung von Brüsten typisch ist. Jeder spekuliert zynisch auf die Suchtreflexe des anderen. Bei allem, was nach Leben aussehen und Wünsche wecken soll, sind sie dabei, als Universalornament des Kapitalismus. Reklame und Pornographie sind Sonderfälle des modernen Zynismus, der weiß, daß die Macht den Weg über die Wunschbilder gehen muß, daß man die Träume der anderen zugleich reizen und frustrieren kann, um die eigenen Interessen durchzusetzen.«

Die Konsummaschine und ihre wunscherzeugenden und wunschbefriedigenden Teile entfalten ihre Aktivität unter dem Banner der Individualität, der Selbstentfaltung und Selbstverwirklichung. Gleichzeitig »weiß« der einzelne, das er alles aus sich selbst schöpfen muß – Glück, Erfolg, Wachstum sind Ergebnis der unablässigen Selbstverbesserung. So entstanden immer neue Branchen, die dieses Bedürfnis stillen helfen: Kosmetik, Diäten, ein Persönlichkeits- und Weiterbildungsmarkt mit »Seminaren« aller Art, Psychologie, Populärpsychologie, importierte Religionen und spirituelle Praktiken und so weiter. Mit den Produkten dieser Branchen kann das »leere Selbst« vor allem das Gefühl der Sinnlosigkeit und der Isolation betäuben.

Der Hunger des »leeren Selbst« ist also nicht nur ein Hunger nach Waren und nach Konsum, er erstreckt sich immer ausgeprägter auch auf die geistigen und spirituellen Bedürfnisse – die Geschäftsgrundlage für Gurus, New-Age-Therapien, Sekten. Er zeigt sich aber auch in der unbegreiflich erscheinenden Anhänglichkeit an bestimmte politische Führer, deren Machtstreben nur geringfügig kaschiert sein muß.

Die Konsum- und Erlebnisgesellschaft muß, um die wirklichen Ursachen der inneren Leere nicht aufdecken zu müssen, immer wieder neue Scheinlösungen für die Probleme des modernen Lebens anbieten: Sie verkauft deshalb nicht einfach nur Waren und Dienstleistungen, sondern Lifestyles. Die Lifestyle-Lösungen suggerieren dem Verbraucher, daß er sein Leben schön und problemfrei gestalten und sich den Werbevorbildern annähern könne, wenn er bestimmte Produkte kaufe und sie sich auch im übertragenen Sinne zu eigen mache. Durch eine banale Magie könne er so sein Leben transformieren und seine Probleme – Verhaltensunsicherheit, Entfremdung, Bindungslosigkeit – doch noch lösen. In dieser Pseudokultur aus käuflichen Ritualen, Bildern, Kostümen und anderen Waren und Versatzstücken werden im Grunde Phantasien käuflich: Es geht nicht mehr nur um die Befriedigung primärer Bedürfnisse, sondern vor allem auch um den Bedeutungs-Halo, der immer mehr Waren umgibt, um den mit ihnen verbundenen Lifestyle, also um Sexappeal, Popularität, gutes Aussehen und »Gut-drauf-Sein«.

Das Projekt des guten, gelingenden Lebens, wie es die fröhlichen und schönen Menschen der Werbung vorleben, wird inzwischen immer deutlicher auch von der politischen Propaganda betrieben – Politik selbst wird zum Lifestyle-Projekt: Komplizierte Sachfragen, Inhalte, Probleme und Lösungen, intellektuelle Auseinandersetzungen werden immer deutlicher den Gefühlen und Symbolen des »guten Lebens« untergeordnet – erfolgreich als Politiker ist nur noch, wer diese Gefühle und Symbole für sich mobilisieren kann.

Neue Vitalität für genormte Büroexistenzen

In einer 1994 gegründeten Zeitschrift mit dem programmatischen Titel »Fit for Fun« verdichten sich exemplarisch

Bedürfnisse und Bedürfnisbefriedigungen, die den Motor der postmodernen Konsumgesellschaft buchstäblich zum Laufen bringen: Diese Zeitschrift ist nicht nur ein Lebenshilfe-Magazin, das Tips für leibliche Ertüchtigung, Gesundheit und richtige Ernährung gibt, es ist, so meint ein Rezenzent in der »Frankfurter Allgemeinen Zeitung«, eine »Zeitschrift für das ganze Leben. Gemeinsam ist den Reportagen und wissenschaftlichen Expertisen die Einsicht, daß man sich in den geregelten Bahnen der postindustriellen Welt auf die niedrigsten Instinkte nicht mehr verlassen kann: Alle Vitalität und Leidenschaft will sorgsam bedacht und notfalls künstlich erzeugt sein.« Zwischen Bungee-Jumping-Tips und Salatrezepten werden Erfahrungsberichte über Meditationsurlaube in Klöstern nebst Adressenlisten angeboten, aber auch das »Leben im zwischenmenschlichen Bereich soll aktiv gestaltet werden«.

Die Glückssucher, die diese Zeitschrift anspricht, sind vor allem in der Hauptzielgruppe der Zwanzig- bis Dreißigjährigen vorwiegend Singles – ein Markt, der mit einem ständig wachsenden Supplement von Kontaktanzeigen bedient wird. Singles sind nach der »Fit for Fun«-Philosophie heutzutage keine tristen Mauerblümchen mehr, sondern »nette attraktive Menschen, die kontaktfreudig sind, aber häufig durch ein starkes berufliches Engagement nicht dazu kommen, über den bestehenden Freundeskreis hinaus neue Leute kennenzulernen«.

Dieses Redaktionsprogramm enthüllt den kaum erwähnten, aber immer gegenwärtigen Fluchtpunkt des Magazins: Es ist der Beruf, die Arbeit. »›Fit for Fun‹ stellt die Bedürfnisse einsamer und fremdbestimmter Büroexistenzen, die sich schon einiges einfallen lassen müssen, um ihren genormten Leben etwas Vitalität einzuhauchen. Dem Panzer ihres durchtrainierten Köpers und Geistes kann keine menschliche Fährnis etwas anhaben.

Auf dem Boden der Fitneß lauert die Angst.« (Mark Simons, »Frankfurter Allgemeine Zeitung« vom 8. September 1994)

Der Kampf um Selbstbestimmung: Zwischen Konsum und Verweigerung

Wenn die Entgrenzung der Erlebens- und Genußmöglichkeiten der inneren Logik der Konsumgesellschaft entspricht, wenn Hedonismus und die ständige Suche nach »Profil« und Distinktionsgewinnen – den kleinen Vorsprüngen beim ständigen sozialen Vergleich – auf dem heimlichen Lehrplan dieser Phase des Spätkapitalismus standen, so zeichnet sich seit Ende der achtziger Jahre, die bereits jetzt im Rückblick als Jahrzehnt der kulminierenden Gier und Genußsucht etikettiert werden, ein Bewußtseinswandel ab, der auf einem tiefergreifenden Wertewandel in Wirtschaft und Gesellschaft basiert. Das entgrenzte, überforderte und verunsicherte Selbst entdeckt die nützliche Tugend der Selbstbeschränkung, der Selbstkontrolle und der Selbstdisziplin – der Askese.

Es geht um weit mehr als um ein Sich-Bescheiden, das zudem noch durch ökonomische oder gesundheitliche Zwänge naheliegend erscheint, es geht nun um die tiefergreifende Umgestaltung eines Lebensstils, dessen psychische und soziale Kosten immer deutlicher spürbar werden. Asketische Praktiken werden wiederentdeckt als eine Möglichkeit, die Kontrolle über das eigene Leben schrittweise zurückzugewinnen und wachsender Entfremdung entgegenzuarbeiten.

Askese kann unterschiedliche Motive haben – religiöse, politische, gesundheitliche. Für manche Menschen ist sie beispielsweise der Versuch, in einem selbstinszenierten

Belastungsexperiment die eigenen Willensgrenzen auszutesten. Für andere ist es vor allem ein Ritual der Selbstreinigung. Für wieder andere soll sie die Demonstration von Unabhängigkeit und Freiheit sein – eine bewußte Abgrenzung von einer Umwelt, deren Werte und Ziele man zutiefst mißbilligt.

Noch bevor solche neuen Formen der bewußten »Dekonsumtion« zu beobachten waren, tauchte die Askese als dramatischer Selbstrettungsversuch auf: Psychotherapeuten berichteten von rigorosen Selbstkasteiungen bei manchen ihrer Patienten. Dieser psychische Flagellantismus diente dem Ziel, von Süchten und selbstzerstörerischen Gewohnheiten loszukommen. Typisch ist etwa der Fall eines jungen Mannes, der von einem Tag zum anderen Alkohol, Fleisch, Zucker, Kaffee und Sex aufgegeben hat und nun schon seit Jahren völlig zurückgezogen und »konsumfrei« lebt. Dieser Rückzug in Gestalt einer Art »Gesamt-Magersucht« erfolgte nach einer Lebensphase voller hektisch ausgelebter Genuß- und Konsumgier. Er mag ein extremes Beispiel sein, aber gerade Jugendliche sind besonders anfällig für asketische Anwandlungen und selbstbestrafende Praktiken. So läßt sich die grassierende Magersucht bei jungen Mädchen, neuerdings auch in zunehmendem Maße bei Jungen, als Verweigerungs- und Abgrenzungsstrategie verstehen gegenüber einer Umwelt voller Fütterungs- und Überfütterungsangebote.

Auch das Auftauchen von »Krankheits«-Bildern wie etwa des sexuellen Unlustsyndroms oder die Versuche, sexuell enthaltsam zu leben, verweisen eher auf die Entdeckung der Askese als einer Möglichkeit der Selbstbehauptung und Selbstbegrenzung. Das durchgehaltene Exerzitium der Selbstkontrolle wird zu einer Bestätigung noch vorhandener und gesteigerter Ich-Stärke.

Ein weiteres Indiz für die sich schnell ausbreitende Verweigerungsbewegung ist der dogmatische Puritanismus, mit dem heute Raucher, Trinker und andere »Unbeherrschte« in ein moralisches Abseits gestellt werden. Nichts weniger als der Totalverzicht auf solche Suchtmittel wird verlangt. Volkshochschulkurse und von kirchlichen Bildungseinrichtungen veranstaltete Seminare, in denen das Fasten erlernt werden kann, sind ständig ausgebucht. Und auf dem Buchmarkt sind die Titel über Fasten, bewußte und richtige Ernährung und Naturkost Dauerseller. Sportarten, für die nur noch der Begriff Selbstquälerei angemessen erscheint, haben überproportionale Zuwachsraten: Marathon, Triathlon, Hundert-Kilometer-Läufe, die tägliche Schinderei in den Muskelstudios. Sind solche Auswüchse von Askese und Selbstdisziplinierung nur die »Kehrseite eines heftigen Verlangens nach Besitz und Konsum«, wie Erich Fromm meinte? Er sah jedenfalls eine vertrackte Logik in den Entsagungsversuchen: »Der Asket mag diese Wünsche verdrängt haben, aber faktisch beschäftigt er sich gerade durch sein Bestreben, Besitz und Konsum zu unterdrücken, unausgesetzt mit diesen.«

Schon Friedrich Nietzsche erkannte in asketischen Übungen den »verschmitzten Epikurismus«, also eine besonders raffiniert getarnte Form des Genusses. Steckt also hinter den asketischen Anwandlungen des heutigen Konsumbürgers nur eine – vorübergehende, also modische – Einsicht in die simple Wahrheit des »Weniger ist mehr«? Erprobt eine gelangweilte und saturierte Mittelschicht in masochistischen Spielchen die raffinierte Steigerung ihrer Genußfähigkeit, die erst durch gelegentlichen Genußverzicht so richtig stimuliert wird?

Demonstrative Vernunft oder »asketische Correctness«?

Um die Dynamik von Genuß und Versagung, von Konsum und Verzicht besser verstehen zu können, mag ein kurzer Blick in die Philosophiegeschichte helfen. Über einen der Modellasketen, Diogenes, meint Peter Sloterdijk: »Ihn einen Asketen zu nennen wäre unkorrekt, der falschen Untertöne wegen, die das Wort Askese durch tausendjähriges masochistisches Mißverständnis angenommen hat. Bedürfnislos wie Diogenes auftritt, dürfte er eher als Urvater des Selbsthilfe-Gedankens gelten, als ein Asket in dem Sinn, daß er ein Selbsthelfer war durch Distanzierung und Ironisierung von Bedürfnissen, für deren Befriedigung die meisten mit ihrer Freiheit bezahlen... Er war derjenige, der die ursprüngliche Verbindung von Glück, Bedürfnislosigkeit und Intelligenz in die westliche Philosophie brachte.«

Intelligenz und Distanzierungsabsicht als wesentliche Bestandteile der Askese stehen heute wahrscheinlich eher auf der Agenda denn die masochistische Lust an der Selbstquälerei. Um den »Fängen der Bedürfnismacher« (Ivan Illich) zu entkommen, bedarf es vor allem der Bewußtwerdung und der Vernunft. Der Politologe Martin Greiffenhagen hat drei Gruppen unterschieden, die sozusagen die Speerspitzen dieser Verweigerungsbewegung bilden und die ihre »demonstrative neue Bescheidenheit« dem »demonstrativen Konsum« gegenüberstellen:

– Die alten Reichen und Etablierten, die es sich schon immer leisten konnten, ihren Reichtum nicht zur Schau zu tragen und eine gewisse snobistisch eingefärbte Askese zu üben. Je mehr soziale Schichten einen bestimmten Wohlstand erreichen und je länger sie diesen Wohlstand genießen können, desto wahrscheinlicher ist es, daß sie die so gewonnene Selbstsicherheit ebenfalls in asketischen

Übungen demonstrieren können und nicht ständig durch quantitative Zugewinne prunken und protzen müssen.

– Neben dieser selbstsicheren, elitebewußten Schicht regt sich die Gruppe der sogenannten Postmaterialisten, die Lebensgewinn und Lebensgenuß nicht aus materiellen Gütern, sondern eben aus nichtmateriellen Erfahrungen und persönlicher Entwicklung beziehen.

– Die mittlerweile aktivste und sichtbarste Gruppe bilden die Menschen, die sich mit »demonstrativer Vernunft« um die Verwirklichung neuer Werte kümmern und sie den anderen zur Nachahmung vorleben.

Die letzte Gruppe kennen wir als die mitunter dogmatisch und intolerant auftretenden Zensoren in unserem Alltag: Ihre spöttischen oder tadelnden Blicke treffen uns, wenn wir unnötig Energie verbrauchen, Plastiktüten verwenden, noch naiv von einer Fernreise berichten oder in sonst einer Weise gegen diese postmaterialistische Correctness verstoßen haben.

Luxus? Ja, aber...

Asketische Einstellungen und asketische Lebenspraxis sind zunächst Ausdruck eines Übersättigungsreflexes, dann aber gehen sie über in Versuche der Selbstdefinition und Selbstabgrenzung. Die asketischen Strömungen, die etwa um 1990 einsetzten, sind nicht einfach die mehr oder weniger modische Wiederbelebung von uralten Lebenspraktiken. Sie sind vielmehr Teil eines tiefgreifenden Wertewandels, einer neuen Phase sich abzeichnender gesellschaftlicher Umorientierungen.

Unsere Konsum- und Überflußgesellschaft ist an einer Wegegabelung angelangt, an der sie bei Strafe des Untergangs in Raten durch die ökologischen und ökonomischen

Katastrophen die Strategie des »Immer mehr« wählen kann – oder aber den Übergang in eine Gesellschaftsform, die nachhaltiges Wirtschaften und vernünftiges Konsumieren lernt. Die psychischen Voraussetzungen für diesen zweiten Weg könnten jetzt geschaffen werden, wenn eine ausreichend große Zahl Menschen eine neue Dialektik von Konsum und Konsumverzicht für sich zum Leitmotiv des eigenen Lebens erklärt.

Immerhin stützen neuere Daten der Konsumforscher die Hoffnung auf einen solchen Wandel: Die GFK-Marktforschung GmbH hat nach der Rezession im Jahre 1993/94 und den damit verbundenen Reallohnverlusten für alle Arbeitnehmer (zum erstenmal in der Nachkriegsgeschichte) festgestellt, daß trotz des immer noch herrschenden Wohlstandes sich eine »Neue Bescheidenheit« ausbreitet. Über 42 Prozent der Befragten bekennen sich zu dieser Haltung und lehnen die Konsumorgien früherer Jahre, an denen auch sie teilgenommen hatten, heute ab. 31 Prozent betonen, daß sie als Verbraucher »bleibende Werte« suchen, und nur noch acht Prozent sehen im »Genuß von Luxus« einen wichtigen Bestandteil ihres Lebens. Und eine Studie des International Research Institute on Social Change über »Lifestyle 2000« beschreibt folgenden Trend: Der »neue Verbraucher« der Zukunft nimmt Abschied vom alten Paradigma des Massenkonsums – er bevorzugt wenige, luxuriösere Güter, tauscht also bewußt Quantität gegen Qualität ein. Er gönnt sich also beispielsweise ein teures, aber langlebiges Kleidungsstück und sieht es überhaupt nicht als Statusverlust an, gleichzeitig bei Aldi einzukaufen.

Der neue Verbraucher ist ökologisch motiviert und achtet besonders auf die Umweltfreundlichkeit der Waren. Statt vieler mittelmäßiger Dinge will er wenige, teure Gegenstände besitzen. So entwickelt sich allmählich ein neues Verbraucherkonzept – selektiver Luxus. Bezugsgröße sind nicht mehr die alten Luxusschichten, der soziale Vergleich wird nicht mehr vertikal, sondern horizontal gezogen. Luxus bedeutet heute nicht mehr einfach nur »teuer«, sondern »etwas Besonderes«. Und zu diesem Besonderen gehören zunehmend auch immaterielle Werte, wie etwa die freie Verfügbarkeit über Zeit, Beweglichkeit, Mitgliedschaft in besonderen, angesehenen Gruppen, eine sinnvolle und sozial anerkannte Arbeit, eine karitative oder ökologische Freizeitbeschäftigung, und so weiter.

Eine neue Vorliebe für das Einfache und Solide wird beobachtet – und entsprechende Angebote beginnen, den Markt zu erobern: Firmen, die sich auf das Einfache und Besondere spezialisiert haben. Der herkömmliche Luxus wird verschmäht, weil sein Zusatznutzen – die Statusverbesserung – heute eher als plumpe Angeberei interpretiert wird und damit der neuen Form von Selbstdarstellung widerspricht. Understatement ist heute die Prestige verleihende Haltung, eine nur noch dezent zur Schau getragene Verbindung von Luxus und Askese – Luxese.

Nicht mehr andere beeindrucken, sondern sich selbst respektieren

Diese neue Einstellung zum Konsumieren ist besonders unter der Nachkriegsgeneration verbreitet, die in die mittleren Lebensjahre kommt und nun stilbildend die Nachfrage und das Konsumverhalten bestimmt. Die Eltern dieser Generation hatten noch in den Nachholwellen der Nachkriegszeit diverse Konsumorgien gefeiert – Freßwelle, Reisewelle, und so weiter. Diese durch den Krieg und die Nachkriegszeit geprägte Generation stieß erstmals Anfang der siebziger Jahre auf massive Kritik wegen ihres »Konsumterrors«, und sie erlebt nun, wie ihre Kinder auf hohem Wohlstandsniveau sehr bewußt und inzwischen ideologiefrei mit dem Angebot und den Möglichkeiten des Marktes umgehen.

Die Werbeagentur Lintas hat in der Generation der Unter-Zwanzigjährigen den Typus des »Ego-Taktikers« ausgemacht. Dessen Lebensgefühl sei durchaus von Hedonismus und Egoismus geprägt, aber dennoch ließe er Vernunft walten und hänge nicht mehr dem statusorientierten, demonstrativen Konsum an. Konsum wird weder verteufelt noch zum beherrschenden Lebensmotiv gemacht – er wird ganz pragmatisch den eigenen Einkommensmöglichkeiten angepaßt. Der Nutzen erhält Vorrang vor dem Besitzen, ein Trend, der beispielsweise einen Boom bei Leasing-Firmen begünstigt. Gleichzeitig nimmt die Markenloyalität ab – die Firmen haben es heute mit körper- und gesundheitsbewußten Konsumenten zu tun, die gut informiert sind, gesündere und umweltfreundlichere Produkte haben wollen und sich immer weniger manipulieren lassen.

Zu den Formen der asketischen und selbst-bewußten Lebensgestaltung gehören Bewegungen wie die der »freiwilligen Einfachheit« und des »Produktfastens«. Sie sind Reaktionen auf die inzwischen fast schon als obszön empfundenen Überangebote. Die Kinder des Wohlstands suchen nach Einfachheit und spartanischer Eleganz, und frühere »aristokratische« Symbole werden demokratisiert: Das Symbol des »guten Lebens« ist, schlank zu sein, und die ästhetische Frage heißt: Was kann ich noch aus meiner Wohnung entfernen, um sie schöner zu machen?

Die neue Psychologie der Selbstbegrenzung und Selbstbeschränkung ist jedoch nicht nur ein Reflex auf Übersättigung einerseits und schwindendes Realeinkommen andererseits. Sie geht – scheinbar paradox – auch auf ein neues gestiegenes Maß von Selbstzentriertheit, oft als »Egoismus« mißverstanden und denunziert, zurück: Die zugestopften und manipulierten »leeren Selbste« befreien sich schritt- und stückweise vom Ballast der Zwänge, die durch nur materielle Befriedigung entstanden sind. Die Wünsche nach Selbstverwirklichung wurden lange genug umgeleitet in Konsummuster, in bestimmte Rollenvorbilder oder Lebensstile.

Die zunehmende Relativierung all dieser Rollen und Werte macht es nun möglich, eine distanzierte und kritische Haltung einzunehmen, und die im postmodernen Wertechaos aufgezwungene Selbstreflexion erlaubt neue, bewußtere Wahlen, die nicht mehr »außengeleitet« sind, sondern von einem neuerwachten Selbstbewußtsein bestimmt werden. Die Psychologin Lynn Hale sieht einen regelrechten Paradigmenwechsel: Anstatt andere beeindrucken zu wollen, indem man sich die Symbole des Wohlstands und des »Mithaltenkönnens« zulegt, stehe der Respekt vor sich selbst im Mittelpunkt – eine »Rollenentspannung« kennzeichne den nun nicht mehr konsumhörigen Bürger am Ende des Jahrtausends. Nicht mehr Konformität, sondern zunehmende Selbstbestimmung und kritischer Umgang mit Werten und Angeboten seien Ausdruck dieser neuen Einstellung.

Als der Wohlstand selbstverständlich wurde

Für den Konsum- und Sozialforscher Daniel Yankelovich haben die westlichen Gesellschaften heute die dritte Phase in der Nachkriegszeit erreicht – eine Phase neuer Nachdenklichkeit, neuer Werte und neuer Orientierungen. Die psychischen Transformationen und die neuen Lebensstile sind für Yankelovich vor allem Reaktionen auf die langen Wellen der wirtschaftlichen Veränderungen. Von der subjektiven Interpretation des eigenen Wohlstandes (und viel weniger von objektiven Vergleichen) hängt nun die Ausrichtung der eigenen Lebensplanung ab.

Der Wohlstand und die schier unbegrenzten Konsum- und Wahlmöglichkeiten, wie sie durch die wirtschaftliche Entwicklung in den Nachkriegsjahren geschaffen wurden, konnten in der ersten Phase noch nicht unbeschwert genossen werden. Für diese Phase gilt: Noch werden die alten Werte wie Fleiß, Opferbereitschaft, harte Arbeit und Sparsamkeit als Vorbedingungen für den Wohlstand betrachtet, und die Furcht, daß alles auch wieder verlorengehen könnte, beherrscht die Werteordnung: Die »Es-wird-nicht-andauern«-Phase ging erst in den sechziger Jahren zu Ende, als sich eine neue, die erste Nachkriegsgeneration, bereits an den Wohlstand gewöhnt hatte und ihn als feste Größe ansah. Allmählich lösten sich die Bürger von den Ängsten und Unsicherheiten, die noch durch Zwischenkriegs- und Kriegserfahrungen geprägt waren, und neue Lebensauffassungen und Lebensstile breiteten sich aus.

So wie in den ersten Wohlstandsjahren eine übertriebene Skepsis und eine aus Erfahrung gespeiste Vorsicht das Verhalten bestimmte und eine Eichhörnchen-Mentalität hervorbrachte (»etwas für schlechte Zeiten auf die hohe Kante legen«), so machte sich nun ein geradezu euphorischer Optimismus breit – der Wohlstand wurde als dauerhaft und gesichert empfunden. Ein existentieller Leichtsinn beherrschte die Lebensentwürfe – es galt, alle bisher vernachlässigten Bedürfnisse zu befriedigen, Neigungen und Vorlieben auszuleben, das Leben individuell und ohne allzu große Rücksicht auf Bindungen und Verpflichtungen zu gestalten. Das Streben nach Selbstausdruck und Selbstverwirklichung beherrschte die neue Wertordnung, und der Individualisierungsschub erreichte seinen ersten Höhepunkt. Der als selbstverständlich empfundene Wohlstand und die Bereitschaft, auf dieser »Basis« mit dem Geld um sich zu werfen, prägten das Privatleben und das Sozialverhalten gleichermaßen – man ging größere Risiken ein, das Leben im Hier und Jetzt hatte Vorrang vor allem anderen. Sofortige Bedürfnisbefriedigung wurde Verhaltensnorm, und niemand sah ein, warum Opferbereitschaft eine besondere Tugend sein sollte.

Der materielle Wohlstand erlaubte, Selbstverwirklichung »in großem Stil« zu betreiben, ohne dabei auf die Zwänge und Verpflichtungen einer früheren Phase Rücksicht zu nehmen. Dieser »Wohlstandseffekt« brachte das bislang austarierte Gleichgewicht von Ligaturen und Optionen in eine Schieflage. Mit Ligaturen bezeichnete Ralf Dahrendorf die Bindungen und Verpflichtungen, die den Zusammenhalt einer Gesellschaft und ihr soziales Gefüge garantieren. Demgegenüber umfassen die Optionen alle Spielräume und Möglichkeiten, die sich dem Individuum auftun. Der materielle Wohlstand vervielfältigte die Optionen, und die Beschäftigung mit den persönlichen Wahlmöglichkeiten für Konsum, Erleben und Lebensstil absorbierte immer mehr psychische Energien. Die Bindekraft der Ligaturen nahm dagegen ab – die engen Bande an Ehepartner, Familie, Kinder, Arbeitsplatz, Nachbarschaft und Nation lockerten sich zusehends. Die Zahl der Scheidungen, die Zunahme von Single-Haushalten, Ein-Eltern-Familien, die Fluktuation auf dem Arbeitsmarkt und die diversen Versuche, das »Selbst« in allen möglichen Subkulturen und Zirkeln zu entwickeln, nahmen in diesen Jahren stark zu.

Luxese: Ein Kompromiß zwischen Haben und Sein?

Die neue, durch den breiten Wohlstand ermöglichte Freiheit machte immer mehr Menschen zu Getriebenen, die nun den vielen verlockenden Möglichkeiten der Selbstverbesserung und Glückserfahrung nachjagten. Erst allmählich erkannten sie, welchen Preis für diesen Zuwachs an Selbstverwirklichung sie zu entrichten hatten: Psychosomatische Symptome, etwa chronische Müdigkeit, Burnout, nervöse Erschöpfungen nahmen epidemische Ausmaße an. Die Ausschöpfung aller Möglichkeiten verschlang immer mehr Zeit und Geld. Wer psychisch und ökonomisch über seine Verhältnisse lebte, bekam es spätestens mit Beginn der neunziger Jahre doch wieder mit der Angst zu tun, als sich das Ende der »Es-wird-immer-so-bleiben«-Phase abzeichnete: Das »Lean Management« strich Aufstiegsmöglichkeiten, die Arbeitslosigkeit auch bei privilegierten Top-Jobs nahm zu, und Einkommensminderungen sowie Mehrkosten für Lebenshaltung und Lebensvorsorge zeigten die Grenzen für den Lebensstil der zweiten Nachkriegsphase auf.

Immerhin hat die Periode des unendlich scheinenden Wachstums und Wohlstandes und des dadurch ermöglichten Selbstausdrucks zu neuen Erfahrungen und Erkenntnissen geführt, die nun, bei heraufziehender ökonomischer Begrenzung, nicht einfach wieder vergessen werden können. Die einmal genossene persönliche Entscheidungsfreiheit, die vielfältigen Möglichkeiten der Selbstverwirklichung und des Experimentierens mit Lebensstilen – all das möchten die ernüchterten, mit schmerzhaften Realitäten konfrontierten Baby-Boomer am Ende der neunziger Jahre nicht so ohne weiteres aufgeben. Also müssen sie sich der Aufgabe stellen, die positiv erlebten Zugewinne an Freiheit aus der Wohlstandsphase den neuen Rahmenbedingungen anzupassen.

Gesucht wird jetzt die Synthese von Selbstverwirklichung und Selbstbestimmung einerseits und den neuen wirtschaftlichen und sozialen Einsichten und Grenzen andererseits. In einem Kunstwort verschmelzen diese beiden

Wertorientierungen: »Luxese« – Werte wie Luxus, Genuß und Erleben plus Selbstbeschränkung und Askese, zunächst motiviert durch die Einsicht in die neuen ökonomischen Gegebenheiten. Die Rückbesinnung auf Gemeinschaftsmodelle, wie sie etwa der Kommunitarismus propagiert, ist ein weiteres Beispiel für die Synthese aus individuellen Freiheiten und inzwischen wieder als notwendig erkanntem sozialem Engagement und Gemeinschaftssinn.

Im komplizierten Wechselspiel zwischen Entgrenzung und Neubegrenzung durch wirtschaftliche Zwänge, zwischen extremem Individualismus und der neuerwachten Sehnsucht nach Geborgenheit und Gemeinschaft entwickeln sich in dieser dritten Phase der Nachkriegs- und Wohlstandsgesellschaft neue psychische Dispositionen und Lebensstile. Daniel Yankelovich kommentiert diese Entwicklung so: »Hegel und Marx hätten ihre helle Freude am Wertewandel in den großen demokratischen Industrienationen. Vollzieht sich doch wenigstens der noch dialektisch: er beginnt mit einer Revolution, dem Wechsel von einem Extrem zum anderen. Darauf folgt eine Serie von wirren Ausschlägen in alle Richtungen – Bemühungen, alte und neue Werte miteinander und den äußeren Umständen in Einklang zu bringen. Die Menschen halten am Neuen und Traditionellen zugleich fest, bis sie sich zu einer Entscheidung oder zu einem Kompromiß gezwungen fühlen, einer Synthese.«

Der asketische Impuls: Das Selbst zwischen Genuß und Disziplin

Der neue asketische Impuls, der in den Versuchen zum Vorschein kommt, Lebensglück und Lebensqualität durch

Selbstbescheidung und Selbstkontrolle zu sichern, gewinnt an Stärke. In einer als chaotisch empfundenen Welt voller überbordender Angebote und Möglichkeiten erstreckt er sich nicht nur auf die Konsumsphäre – auch wenn Konsum heute noch den noch größten Teil von Zeit, Energie und Geld der Menschen absorbiert.

Hugo Ball hat die selbstdisziplinierte Lebenshaltung als »aktive Skepsis« beschrieben: eine Skepsis, die nicht nur intellektuell-theoretische Haltung ist, sondern Lebenspraxis – eine zur Gewohnheit gewordene Zurückhaltung gegenüber allen Genuß-, Konsum- und Kontaktmöglichkeiten schlechthin. Diese Haltung schließt beispielsweise ein »intellektuelles Fasten« mit ein, etwa den bewußten Verzicht auf Informations- und Unterhaltungsmöglichkeiten, aber auch auf die Teilnahme an den Diskursen und Dialogen der Mediengesellschaft, die ja nicht selten geprägt sind von Besserwisserei, Wichtigtuerei und der unablässigen Jagd nach dem neueren, vermeintlich besseren Bonmot und der neuesten Geistreichelei.

Der asketische Impuls geht auf die Erkenntnis zurück, daß Selbstverwirklichung vor allem auch Wählen heißt – nämlich den bewußten Ausschluß der vielen nichtgewählten Möglichkeiten. Die wechselseitige Ausschließlichkeit bestimmter Erfahrungen wird jedoch akzeptiert, ohne dem jeweils Ausgeschlossenen nachzutrauern oder zu versuchen, es zu anderen Zeiten doch noch zu erleben. In der entgrenzten Welt der Möglichkeiten wird uns immer noch und immer wieder suggeriert, daß wir alles nebeneinander, zumindest aber nacheinander haben können. Wir sollen und wollen glauben, daß wir alle unsere persönlichen Potentiale und Talente entwickeln und unsere Wünsche und Ziele im gleichem Maße befriedigen und ausleben können.

Drei Irrtümer hat die Selbstverwirklichungsideologie in die Köpfe gepflanzt: den Irrtum, daß wir verpflichtet sind, alles im Leben zu erleben, was erlebbar ist, zumindest aber so viel wie nur irgend möglich. In den letzten Jahrzehnten ist beispielsweise die sexuelle Freizügigkeit gewachsen – und es wurde geradezu eine Selbstverpflichtung vieler Menschen, davon extensiven Gebrauch zu machen, das heißt, die Zahl der möglichen Sexualkontakte zu maximieren. Die Freizeitindustrie bietet uns jedes Jahr eine neue Modesportart an – vom Windsurfen, Snowboarden, Mountainbiking bis zum Paragliding –, verbunden mit den Versprechen von neuen *kicks* und *thrills*, von neuen Formen des »Naturerlebens« und der Selbsterfahrung. Und die Zahl der Unterhaltungsmöglichkeiten treibt Jugendliche quasi im Neunzig-Minuten-Takt dazu, in einer Nacht mehrmals die Disko oder Party zu wechseln.

Ein zweiter Irrtum besteht darin, daß alles möglichst gleichzeitig gemacht und erlebt werden muß. Wir sitzen der Illusion auf, alle unsere Fähigkeiten gleichmäßig und unseren Idealvorstellungen entsprechend entwickeln zu können, selbst wenn uns das Zeitbudget und unsere Erschöpfung deutliche Grenzen setzen.

Und ein dritter Irrtum schließlich besteht darin, sich an vorgegebenen Maßstäben von »Selbstverwirklichung« zu orientieren, auf Experten und Autoritäten zu hören, die sich um unsere Bedürfnisse herumgruppiert haben: Psychologen, Ratgeber, Gurus, Diätberater, Schönheitsberater, Fitneßtrainer. Aber auch wichtige soziale Bezugsgruppen, deren Standards wir genügen wollen, prägen unsere Anstrengungen, »mehr aus uns zu machen«. So wurde Selbstverwirklichung zur Farce, denn sie bedeutet letztlich die Einhaltung fremder Modellvorstellungen.

Es geht nicht ums Gürtel-enger-Schnallen

Auswahl und Selbstbescheidung sind die Gegenstrategien. Sie sollten nicht mit einer »Saure-Trauben«-Ideologie oder den verlogenen Idyllen der Selbstbeschränkung verwechselt werden, die die herrschenden Klassen in früheren Zeiten als Ideal für die unteren Schichten vorgaben. In der Wohlstandsphase waren die überschießenden Selbstverwirklichungswünsche auch deshalb so ausgeprägt, weil sie als Abrechnung mit dem Gürtelenger-Schnallen und anderen Mangel-Ideologemen kontrastierten.

Der Leiter des Schweizer Gottlieb-Duttweiler-Instituts, Christian Lutz, meint dazu: »In der wachsenden Vielfalt und im rascheren Wandel bedeutet Lebensqualität Selbstbescheidung – nicht im Sinne einer moralinsauren Verzichthaltung, sondern in der weisen Erkenntnis, daß es ein hoffnungsloses und selbstzerstörerisches Unterfangen wäre, alle Möglichkeiten ausloten zu wollen. Gerade weil wir den virtuellen Zugriff zu allen Möglichkeiten dieser Welt haben, können wir uns mit jenen Wirklichkeiten begnügen, die in Resonanz mit unserem jeweiligen Geisteszustand schwingen. ... Die größte Gefahr ist jene der ständigen Überforderung persönlicher Orientierungs-, Gestaltungs-, Kommunikations-, Beziehungs- und Lernfähigkeiten. Wer in diesen Belangen nicht auf der Höhe bleibt, ist vom Absturz bedroht, und er kann für Menschen, die es nicht geschafft haben, ein tragfähiges Beziehungsnetz aufzubauen, bodenlos sein.«

Am Beispiel des Berufslebens läßt sich das Dilemma exemplarisch verdeutlichen: Für die meisten Menschen ist der Beruf immer noch zentraler Teil ihrer Identität, ihres Selbstverständnisses. Jemand ist nicht einfach nur Versicherungsbezirksleiter, Oberstudienrätin oder Technischer Zeichner – sein Ansehen »als Mensch« hängt immer noch in hohem Maße vom beruflichen Erfolg ab. Zwar haben

Familienleben, Hobbies, Urlaub, Freizeitgestaltung und so weiter inzwischen an Bedeutung gewonnen, aber sie erscheinen dann den meisten Menschen »wertlos«, wenn als Basis ein erfolgreiches und befriedigendes Berufsleben fehlt. Das eigentliche Symbol für gelungene Selbstverwirklichung ist für eine Mehrheit immer noch der berufliche Erfolg. Und für diesen Erfolg werden die besten Ressourcen mobilisiert, über die ein Mensch verfügt: Zeit, Energie, Kreativität. So hat sich das Leben allmählich immer mehr auf die Berufsrolle verengt, und der verbleibende Rest der Zeit dient vor allem der Regeneration und dem statusbewußten Konsum, der wiederum nur Ausdruck des beruflichen Erfolgs ist.

Wie man den Tretmühlen des Erfolgs entkommen kann

Ihren Höhepunkt erreichte diese Entwicklung in den achtziger Jahren, und ihre typischen Vertreter waren die karrierebewußten Yuppies und Dink-Paare *(double income, no kids)*. Der Workaholic war der heimliche Held des Erfolgskultes, den die Wirtschaft, aber auch Medien und Universitäten, sorgsam pflegten. Die Firmen wetteiferten darin, entsprechende »Firmenkulturen« zu schaffen: Je wohler sich ein Arbeitnehmer in der Firma fühlt, je mehr er sich mit ihr identifiziert, desto eher akzeptiert er sie als Ersatzfamilie – und leistet freudig mehr. Zu Beginn der neunziger Jahre, als sich wirtschaftliche Einbrüche abzeichneten, breitete sich Ernüchterung aus. Selbst für früher hochbegehrte »Zukunfts«-Berufe wird der Stellenmarkt eng, selbst Ärzte sind in ungeahnter Zahl arbeitslos, hochqualifizierte Manager finden sich plötzlich auf der Straße wieder. Die Firmen werden »lean«, die Hierarchien

»flach«, und die Aufstiegschancen für die nachwachsenden Generationen mindern sich. Die individuellen Karrierepläne müssen der neuen Situation angepaßt werden.

Aber auch das psychosoziale Klima in der Arbeitswelt hat sich verändert. »Erfolg« wird zusehends neu definiert, Status und Geld verlieren ihre Attraktivität als Erfolgssymbole, und selbst ein befriedigender Job, der in hohem Maße Selbstverwirklichung ermöglicht, kann nicht mehr als Glücksgarantie betrachtet werden. Am Ende der »fetten Jahre« des schier unbegrenzten Wachstums und Wohlstands geraten die damit gekoppelten Überzeugungen ins Wanken: Lohnt es sich wirklich, der beruflichen Lebensplanung alles unterzuordnen? Ist eine Karriere wirklich die beste Art, sich als Person zu entfalten? Ist der psychische und soziale Preis des beruflichen Erfolges nicht zu hoch?

In allzu vielen Fällen hat sich das berufliche Erfolgsstreben verselbständigt, und der Job ist zu einer Tretmühle geworden. Psychische und physische Erschöpfung und ein verkümmertes Privatleben sind offenbar ein zu hoher Preis für den ohnehin unsicheren Status und ein schrumpfendes Einkommen. Viele Arbeitnehmer kokettieren eine Zeitlang mit dem Aussteigen – etwas ganz anderes tun, raus aus dem Streß, Schafe züchten in der Auvergne.

Nur wenige schaffen jedoch wirklich den Absprung, und noch weniger geben ihre alte Lebensform auf, ohne es später zu bereuen. Jenseits des resignierten Weiterwurstelns oder des radikalen Ausstiegs jedoch eröffnen sich allmählich neue Optionen, um den unbefriedigenden Lebensstil zu korrigieren und der Tretmühle zu entkommen. Noch muß, wer den Befreiungsschlag sucht, den Mut aufbringen, sich von den traditionellen Erfolgssymbolen zu verabschieden, und Unverständnis, Spott – vielleicht später auch Neid – seiner Umwelt in Kauf nehmen. Denn auf den ersten Blick erscheinen die meisten Strategien der

Selbstbefreiung als Rückschritt, als Eingeständnis von Schwäche, als Feigheit vor dem Streß.

Die Strategien des »Runterschaltens«

Die Überprüfung des eigenen Lebens- und Arbeitsstils und das »Herunterschalten« des überdrehten Karrieremotors mögen für viele noch ein Imageproblem sein, aber die Zahl der bewußten Karriereverweigerer nimmt auf allen Ebenen der Arbeitshierarchien zu – und damit verändern sich allmählich auch die Leitbilder des Berufslebens. Vier Strategien lassen sich unterscheiden, die allmählich immer häufiger praktiziert werden und die deshalb als genauso »normal« gelten wie die bisherigen bedingungslosen Kämpfe um Karriere, Erfolg und »Selbstverwirklichung« *on the job*:

– *Das bewußte Einplanen von Plateauphasen:* Berufliche Aufstiege bringen oft einen Zugewinn an Prestige und Geld, aber dafür müssen auch deutlich mehr Zeit und Anstrengung investiert werden. Außerdem verändert sich das Aufgabenspektrum häufig so, daß der Papier- und Verwaltungskram zunimmt, daß Konferenzen, Aufsichtspflichten und andere »leitende« Tätigkeiten zunehmen – das produktive und kreative Arbeiten nimmt dagegen ab. Wer beispielsweise gerne mit Kunden arbeitet, für den ist die Beförderung zum Gebietsleiter, der nun seine früheren Kollegen beaufsichtigt, nicht unbedingt mit größerer Arbeitszufriedenheit verbunden. Überstunden, allzeitige Verfügbarkeit, mehr Streß – ob es sich wirklich lohnt, die jeweils nächste Karrieresprosse zu erklimmen, machen sich viele »Aufsteiger« oft zu spät klar. Umgekehrt wird es neuerdings als lohnend und nichtimageschädigend betrachtet, wieder eine oder mehrere Sprossen zurückzuklettern, um wieder das zu tun, was einmal Spaß gemacht hat, auch wenn es schlechter bezahlt war.

– *Kurskorrekturen:* Kurskorrekturen setzen an festgefahrenen und stark verengten Karrieremustern an. Gesucht werden Alternativen im selben Beruf – neue Anwendungsgebiete, neue Organisationsformen, neue Arrangements. Sie sind die Reaktion auf das Gefühl, in einer beruflichen Situation allmählich auszubrennen oder sich in eine Richtung verrannt zu haben, die mehr Streß als Befriedigung bringt. Die entscheidende Frage ist nun: Können Wissen, Kreativität und Erfahrung nicht besser und subjektiv befriedigender eingesetzt werden? Es geht darum, die Wünsche und Ziele, die mit dem Beruf verbunden sind, neu zu fokussieren: Ein Wissenschaftler beispielsweise mag die Intrigen, Hierarchien und den Leerlauf des Universitätsbetriebes satt haben und wechselt in ein Unternehmen der freien Wirtschaft. Ein Arzt möchte sich nicht länger täglich zwölf Stunden mühen, um eine Privatpraxis aufzubauen und seine Schulden abzubezahlen – und nimmt deshalb eine Stelle an einem Krankenhaus an, um endlich wieder halbwegs geregelte Arbeitszeiten und ein Privatleben zu haben; ein Chemiker läßt die Laborforschung in einem Großunternehmen hinter sich, mit dessen Unternehmenszielen er ohnehin moralische Probleme hat, und stellt sein Wissen einer Umweltschutzorganisation zur Verfügung. Bei Kurskorrekturen handelt es sich in der Regel um neuartige, bisher kaum erprobte Lösungen, die auch innerhalb einer Firma möglich sind, manchmal sind sie jedoch mit existentiell riskanten Schritten in Neuland verbunden.

– *Der Schritt in die Selbständigkeit:* Autonom über Zeit und Ziele verfügen zu können wird für manche Arbeitnehmer dann besonders attraktiv, wenn sie sich sehr bevormundet und gegängelt fühlen. Paradoxerweise arbeiten Selbständige oft länger und härter als in ihrem früheren

Angestelltenverhältnis – aber dafür mit größerer Befriedigung, Entscheidungsfreiheit und Selbstbestimmung statt Kontrolle und Abhängigkeit. Die neue Freiheit hat ihre wirtschaftlichen Risiken – Büro und Ladenmiete, Steuern und Versicherungen, der Aufbau eines Kundenstamms – das sind schwierige Aufgaben, die aber dann nicht mehr abschrecken, wenn die Frustration im »festen Job« nur groß genug geworden ist.

– *Ortswechsel oder Landluft macht frei*: Verlagerung des Lebensmittelpunktes – des Arbeitsplatzes also – ist eine Strategie, die mehrere Probleme zugleich lösen kann. Sie geht einher mit einer der bereits genannten Strategien, hat häufig auch Anklänge von »Aussteigen« und bedeutet in der Regel eine radikale Veränderung des gesamten Lebensstiles. Ein Großteil des Arbeitsstresses besteht für viele Menschen darin, daß sie viele wertvolle Stunden mit An- und Abfahrt, oft durch dichten Verkehr, vergeuden. Lange Wege, Lärm, schlechte Luft, teure Mieten und Lebenshaltungskosten in den Städten sind die immer schwerer erträglichen Rahmenbedingungen des Arbeitslebens in den Ballungszentren. Stadtflüchter nehmen Karriereknicks und Einkommenseinbußen bewußt in Kauf, um die Vorteile eines entspannteren Lebensstils in einer Kleinstadt oder auf dem Land zu genießen. In vielen Berufen ist es mittlerweile möglich, mithilfe der neuen Kommunikationstechnologien den Anschluß an die Arbeitswelt zu halten, manchmal sogar im alten Job weiterzuarbeiten, ohne körperlich präsent sein zu müssen.

Was eingefleischten Stadtmenschen als Flucht in die ländliche Idylle erscheint, ist für die meisten Stadtflüchter jedoch eine Entscheidung, die sie nicht bereuen. Sie haben in ihrem persönlichen Wertesystem neue Prioritäten gesetzt, zugunsten eines entspannteren, freizeit- und familienzentrierteren Lebens, ohne dabei ihre beruflichen Ambitionen völlig aufgegeben zu haben.

Selbstbeschränkungen im Arbeitsleben sind häufig Auswege aus dem erschöpfenden, stressigen, überregulierten verplanten Leben, das inzwischen zur Norm geworden ist. Das Zeitbudget des heutigen Menschen wird nicht nur durch die Arbeit überzogen, sondern auch durch eine Fülle von nichtberuflichen Tätigkeiten, die zur Regeneration von der Arbeit nötig sind: Einkaufen, Behördengänge, Gesundheitsfürsorge, Kinderbetreuung, Autowartung und so weiter. 42 Stunden müßte der Tag nach einer Modellrechnung haben, damit ein Mensch all das erledigen kann, was ihm von den Experten empfohlen wird: Muße, Sport, gezielte Ernährung, Hobbies, Körperpflege und so weiter. Neben Arbeit und Schlaf sind dabei nur 50 Minuten (!) für Sex und Intimität veranschlagt, 40 Minuten für Körperpflege und Sport, 40 Minuten für Information durch Zeitunglesen und Fernsehen. Die Absurdität dieser Zeitplanung ist offenkundig. Sie verdeutlicht jedoch, wie sehr die Fallen des »müßte, sollte, könnte« den Menschen bedrängen, der ohnehin den Belastungen des Arbeitslebens zu entkommen sucht.

Selbstdisziplin als Selbstrettung: Die Psychologie der Selbstkontrolle

»Was wir brauchen, ist eine Rückbesinnung auf die asketischen Traditionen des antiken wie des christlichen Europa, eine neue Wertschätzung der ethischen, religiösen und kulturellen Früchte von Tugenden wie Selbstbeherrschung, Enthaltsamkeit und Verzichtenkönnen, kurz: eine nüchterne Einübung in die verschiedenen Formen des Fastens, physischer wie geistiger Nüchternheit. Eine verfressene, eine übersättigte, eine gemästete Zivilisation ist geistig verloren. Das Absolute ist auch eine Frage der Diät.« Gerd-Klaus Kaltenbrunner sieht in den Strategien der Selbstbeherrschung offenbar eine Möglichkeit, den Elitismus und die konservativen Werte wiederzubeleben, die unter dem vagen, aber doch beziehungsreichen Titel »Abendland« zu zwiespältigen Ergebnissen geführt haben. Das »Absolute« müßte sehr genau definiert werden, eingedenk etwa eines »Asketen« wie des Nichtrauchers, Vegetariers und auch in anderen Bereichen des Lebensgenusses wohl unwilligen oder unfähigen Adolf Hitler.

Missionarische, fanatische, dogmatische Asketeverherrlichung wird aber ebensowenig die Sache des postmodernen Menschen sein wie die durch die protestantische Arbeitsethik bewirkte »innerweltliche Askese«, die Max Weber als eigentlichen Motor des Frühkapitalismus beschrieben hatte. Die Formen der Selbstdisziplinierung und der Selbstkontrolle entspringen heute dem Motiv, sich selbst vor dem Versinken im Überfluß, vor der Beliebigkeit, vor der Entgrenzung zu retten. Der asketische Impuls hat sehr unterschiedliche Konjunkturen erlebt, unter den heutigen Bedingungen jedoch ist er eng mit psychischen Strategien der Selbstdefinition und Selbstbehauptung verknüpft, mit den Versuchen, das eigene Ich nicht völlig in den Hintergrundgeräuschen des Konsumuniversums verschwinden zu lassen.

Nicht zufällig wurde »Kontrolle« zu einem Schlüsselbegriff der modernen Psychologie: Entscheidend für die psychische Gesundheit, für das Wohlbefinden und für das optimale Funktionieren, Lernen und Sich-Entwickeln ist das Gefühl (vielleicht auch nur die *Illusion*), die Kontrolle über Lebensumstände und den eigenen Alltag zu haben. Geht diese Kontrolle verloren, drohen Depression, Lethargie, aber auch Aggression und Verzweiflung.

Eine Gesundheitsratgeber-Zeitschrift greift das Grundgefühl ihrer Leserschaft so auf: »Selbst zu den besten

Zeiten ist Ihr Leben oft chaotisch. Und mit der angespannten wirtschaftlichen Situation und dem schwierigeren Arbeitsmarkt kann sich die Situation noch verschärfen – und es wird deutlich, worum es in unserem Leben geht: den Verlust von Kontrolle und das Bedürfnis, mehr Kontrolle über das eigene Leben auszuüben. ... Sie können Ihr Leben aber wieder in Ordnung bekommen. Und zwar nicht nur Ihr Arbeitsleben, sondern Ihr ganzes Leben. Sie können wieder Kontrolle über Ihre Zeit erlangen, so daß Sie mehr Zeit für Familie, Freunde und für sich selbst haben. Sie können Kontrolle über Ihren steigenden Streß zurückgewinnen, so daß Sie ruhiger und ausgeglichener werden. Und Sie können Ihre Ernährungsweise und Ihre körperliche Aktivität genausogut planen. Und schließlich noch können Sie all dies erreichen, indem Sie eine Serie kleiner Veränderungen bewirken« (»Men's Health«).

Die Essenz dieser – und zahlloser weiterer – Lebensberatungen ist die Aufforderung zum Selbstmanagement: Bekommen Sie Ihr Zeitbudget in den Griff, managen Sie Ihr Arbeits- und Privatleben so, daß Sie nicht aufgefressen werden, setzen Sie Prioritäten, vermeiden Sie Streß, versuchen Sie Zeit für sich selbst zu gewinnen. Und vor allem: Finden Sie heraus, was Ihnen wirklich wichtig ist, was Sie glücklich und erfüllt macht! Es geht bei all diesen banal klingenden Rezepten und Appellen also wiederum um die Flucht aus den Tretmühlen des Alltags, in die man allmählich und unbewußt hineingezogen wurde.

Die Wiederentdeckung der Willenskraft

Emotionale Ausgeglichenheit und körperliche Fitneß gelten als Vorbedingungen, um die Kontrolle über das eigene

Leben wieder zurückzugewinnen – und so verbinden sich die vielen Tips zur körperlichen, geistigen und emotionalen Fitneß zu einem Katalog von Geboten und therapeutischen Empfehlungen, mit denen die Rückgewinnung der Kontrolle erreicht werden könne. Dabei taucht immer wieder auch das Motiv des Nein-sagen-Lernens auf: Nein zu den Verlockungen und Verführungen, Nein zu ungezügelten Karrierephantasien, Nein zu Genußangeboten, Nein zu Ablenkungen, Nein zu Faulheit und allzu großer Bequemlichkeit. So entsteht ein seltsames Gemisch aus alten Puritanertugenden und modernen Wellness-Ideologien, eine Synthese, die die Tugenden der Selbstbescheidung mit den Wohlfühl-Ansprüchen des postmodernen Menschen versöhnen soll.

In der postmodernen Überfluß- und Multioptionsgesellschaft hat die Psychologie das uralte philosophische und psychologische Problem der Willensstärke wieder auf die Tagesordnung gesetzt. Unter den Überschriften »Selbstregulierung«, »Selbstkontrolle«, »Selbstdisziplin« setzt sie sich in Psychotherapie und Sozialpsychologie mit dem Problem auseinander, wenn schon nicht die Umwelt, so doch sich selbst kontrollieren zu können.

Diese Hinwendung zur Selbstkontrolle ist eine Reaktion darauf, daß Menschen immer häufiger darin scheitern: »Der Mangel an Selbstregulierungsfähigkeiten ist die Hauptursache für die sozialen Pathologien der Gegenwart. Viele individuelle Probleme drehen sich um die Unfähigkeit, sich selbst unter Kontrolle zu behalten. Überall fühlen sich Menschen schlecht, weil sie die Kontrolle verlieren – über ihr Geld, ihr Körpergewicht, ihre Gefühle, ihr Trinken, ihre Feinfühligkeit, ihr Verlangen nach Drogen, ihre Kaufwut, ihr Verhalten gegenüber Familienmitgliedern, über ihre sexuellen Impulse und so weiter.« So lautet die Diagnose der Sozialpsychologen Baumeister, Heatherton und Tice.

Und zwei andere Sozialpsychologen, Daniel M. Wegner und James W. Pennebaker, konstatieren in dem von ihnen herausgegebenen »Handbook of Mental Control«: »In einer Ära der Selbstverbesserung und des Gesundheitsbewußtseins überrascht es, wie oft die Menschen versuchen, sich zu kontrollieren – und wie oft sie dabei scheitern. Betrachten wir nur die Bestrebungen der modernen Gesellschaft, den Genuß von Tabak, Alkohol, Drogen einzuschränken und Phänomene wie Aggression, gefährliche sexuelle Praktiken, ungesunden Diätwahn und andere unerwünschte Verhaltensweisen unter Kontrolle zu bekommen. Bisher haben alle Bestrebungen, klinische Techniken auf diese Probleme anzuwenden, bestenfalls gemischte Resultate gebracht. Und unglücklicherweise sind einige unserer schwierigsten Probleme mit so unsinnigen und atheoretischen Aufforderungen wie ›sag einfach nein‹ angegangen worden. In den meisten Fällen sagen wir tatsächlich Nein, aber unsere Gedanken und unser Verhalten antworten dann darauf: Nun, vielleicht dieses eine Mal noch.«

Wohl oder übel sind wir heute auf uns selbst verwiesen, all den Versuchungen, Ablenkungen und Herausforderungen erfolgreich zu begegnen – und erfolgreich heißt oft genug: selbstkontrolliert zu sein, nicht süchtig zu werden, den Überblick zu behalten. Selbstkontrolle bedeutet heute also kaum noch die elitär-spirituelle Praxis einer uralten Kulturtechnik, sondern die Einübung von Selbstrettungsstrategien. Denn noch nie in der menschlichen Entwicklungsgeschichte wurden der Appetit, die angeborenen Gelüste, die Triebe, die Phantasien und Wünsche so stark von einem Überangebot belagert, bei gleichzeitiger Lockerung aller vormals mühsam erzwungenen Verbote. Geschwunden sind auch die Ängste vor den moralischen Konsequenzen und die externen sozialen Kontrollen: Weder die einst sanktionsstarken Instanzen wie Familie, Vorgesetzte, Gemeinde, noch Religion oder Politik sind heute noch befugt oder fähig, unseren Impulsen Einhalt zu gebieten oder sie dauerhaft unter Kontrolle zu halten.

Die Korruption des Willens und die Macht der Impulse

Auch die verinnerlichten Verbote und Regeln, das Freudsche Über-Ich, funktionieren längst nicht mehr als die mächtige Kontrollinstanz in unseren Köpfen. Nicht das Gewissen macht uns zu schaffen, wenn wir unseren Impulsen allzu häufig nachgeben, sondern höchstens noch die gesundheitlichen, finanziellen oder sozialen Folgen, mit denen wir nach wie vor rechnen müssen. Diese Folgen sind es, die uns zum Umdenken zwingen. In Zukunft wird es für uns darum gehen, die rationalen Ichkräfte zu stärken, die alleine noch dafür sorgen können, daß wir nicht zu Opfern unserer unbegrenzten Wünsche in einer unbegrenzt wunscherfüllenden Welt werden.

Die Herausforderung an Psychologie und Psychotherapie besteht darin, der »Epidemie des Selbstkontroll-Versagens« (Baumeister/Heatherton/Tice) Herr zu werden. Dabei müssen sie ironischerweise eine Art Rollback gegen eigene, frühere Entwicklungsziele propagieren und durchsetzen: Nicht mehr Selbstverwirklichung und Ausschöpfung des »Humanpotentials« um jeden Preis stehen nun auf dem Lehrplan, sondern Selbstdisziplinierung und Selbstbescheidung. Die neuen Lernziele heißen Impulskontrolle, Erlernen von Konzentrations- und Unterscheidungsfähigkeit, Entwicklung und Erprobung der eigenen Willenskraft.

Selbstkontrolle hat aber nur dann eine Chance, wenn wir eine Situation als »Versuchung« erkennen. Sie beginnt immer mit dem Gewahrwerden eines Impulses, eines Wunsches, einer genußorientierten Verhaltensgewohnheit – und deren Reflexion. In zahllosen Varianten haben Karikaturisten eine aus der christlichen Trivialmythologie stammende Grundidee aufgegriffen: Auf unseren Schultern sitzen je ein kleiner Engel und ein kleiner Teufel und versuchen, uns auf ihren »Weg« zu führen. Und tatsächlich finden im Augenblick einer »Versuchung« kleine Dialoge im Kopf statt: Wünsche und (Selbst-)Verbote, Impulse und Impulsbremsen, »Gewinne« und »Verluste« werden gegeneinander abgewogen.

Das psychologische Thema der Selbstkontrolle kreist vor allem um die nie zu beseitigende, nie völlig zu erklärende Diskrepanz zwischen dem sichtbaren Verhalten und den »inneren« Prozessen, die diesem Verhalten vorangehen oder es begleiten. Banaler ausgedrückt: Wir handeln sehr häufig nicht so, wie wir denken. Oder auch: Der Geist ist willig, das Fleisch ist allzuoft schwach. Und heute wird der Geist, also die Instanz, die vormals Kontrolle ausüben sollte, durch immer raffiniertere Methoden zum Verbündeten des Fleisches gemacht – er selbst wird abgelenkt, fasziniert, überwältigt und schließlich zum Promotor der »Erlebniswelten«, die uns zu ungehemmtem, unkontrolliertem, unzensiertem »freiem« Genuß und Konsum verleiten.

Die vielen Feinde der guten Absicht

Die Bedeutung des asketischen Impulses wurde schon zu Beginn der modernen Psychologie erkannt, etwa wenn William James in seinen »Principles of Psychology« den geneigten Leser auffordert: »Halte die Fähigkeit zur Anstrengung dir am Leben, indem du dich jeden Tag ein bißchen darin übst. Das heißt: Sei systematisch heldenhaft bei kleinen, eher unwichtigen Dingen, tu jeden Tag oder jeden zweiten Tag etwas nur aus dem einzigen Grunde, weil es schwierig und anstrengend ist, so daß, wenn die Stunde der Bewährung und der Not näherkommt, sie dich nicht unvorbereitet und zu schwach findet, um die Prüfung zu bestehen. Askese dieser Art gleicht einer Versicherung, die ein Mann für sein Haus und für seine Güter bezahlt. Die Prämien kosten sein Geld, und möglicherweise wird er die Versicherung nie in Anspruch nehmen. Aber wenn tatsächlich ein Feuer kommt, dann werden sie ihn vor dem Ruin retten. Und so ist es mit dem Mann, der sich täglich gestärkt hat durch die Gewohnheiten konzentrierter Aufmerksamkeit, energischen Wollens und der Selbstverleugnung bei überflüssigen Dingen. Er wird wie ein Turm stehen, wenn alles um ihn herum in Unordnung gerät, und seine schwächeren Zeitgenossen werden wie Spreu im Sturm hinweggeblasen werden.«

Selbstkontrolle findet immer dann statt, wenn wir uns auf einen Gedanken oder eine Empfindung konzentrieren, ein »unerwünschtes« Gefühl unterdrücken, eine Stimmung aufrechterhalten, einen Wunsch erzeugen, ein Verlangen unterdrücken oder sonst in irgendeiner Weise versuchen, uns quasi selbst zu beeinflussen.

Daß wir uns selbst kontrollieren können, beweist, daß wir über verschiedene mentale »Programme« und Aktivitätsmuster verfügen, die nebeneinander in unserem Kopf existieren. Solche parallelen Programme regeln unterschiedliche Handlungs- und Lebensbereiche. Wir können auf mehreren Bewußtseinsebenen zugleich aktiv sein, aber unter den Programmen, die unser Verhalten bestimmen, gibt es eine hierarchische Ordnung: Es gibt »höhere« – das heißt komplexere, bedeutsamere, weiterreichende – und es gibt »niedrigere« Programme: Sie sind eher auf den Augenblick bezogen, mit weniger Reflexions- und Assoziationsaufwand verbunden. Selbstkontrolle bedeutet in der Regel, daß die »höheren« Bewußtseinsprozesse die »niedrigeren« dominieren: Der Wunsch, jetzt eine Zigarette zu rauchen, wird von der Überlegung höherer Ordnung »überstimmmt«, daß dieser kurzfristige Genuß dem Plan widerspricht, das Rauchen aufzugeben.

Um über die eigenen Verhaltensalternativen reflektieren zu können – mit dem Ziel, Selbstkontrolle auszuüben –, brauchen wir Standards, Vergleichsmaßstäbe: Das können persönliche Ziele sein, die Erwartungen anderer oder aber gesellschaftliche Normen. Und genau hier liegt eine Wurzel für die »Epidemie der Selbstkontrollschwäche«: Zu viele Standards sind heute in Umlauf, zu viele einander widersprechende Wertvorstellungen und Verhaltensempfehlungen konkurrieren miteinander. Alleine auf dem Feld der persönlichen Gesundheitsvorsorge gibt es eine solch verwirrende Flut von Regeln, Warnungen und Empfehlungen von Experten, daß viele »höhere« Programme schulterzuckend zugunsten »niedrigerer« aufgegeben werden. Wenn schon die Experten nicht wissen, ob und wieviel Cholesterin schädlich ist, und einander heftig widersprechen, warum sich dann so viel Selbstdisziplin auferlegen und auf Butter oder Steaks verzichten? Die sich gegenseitig ausschließenden Standards paralysieren häufig selbst die zur Selbstdisziplin Entschlossenen. Ihre guten Absichten, ihre Willenskraft werden durch die Vielfalt von Alternativen unterminiert. Ähnliches gilt im Bereich der Erziehung. Ein aufschlußreiches Experiment der Psychologen Maphet und Miller zeigt: Kinder befolgen in der Regel eine einmal gegebene Anweisung oder ein Verbot auch noch nach Wochen – sie haben es erfolgreich internalisiert. Wenn sich zwei Autoritätspersonen jedoch in bezug auf die Anweisung widersprechen, befolgen Kinder weder die eine noch die andere Instruktion.

Lernziel fürs nächste Jahrtausend: Erkennen, wann wir satt sind

Eine zweite wichtige Voraussetzung für Selbstkontrolle ist die Fähigkeit zur Selbstbeobachtung oder Selbstüberwachung: Das eigene Verhalten kann nur dann erfolgreich im Sinne der »höheren« Bewußtseinsprozesse gesteuert und kontrolliert werden, wenn wir dessen möglichst oft gewahr werden, was wir tun und warum wir es tun.

Dieses selbstkritische Element wird jedoch in der heutigen Gesellschaft auf vielfältige Weise ausgeschaltet, die »höheren« Reflexionsprozesse sollen in der Konsum- und Warenwelt gar nicht erst zum Zuge kommen: Millionen sind heute weit über ihren »Kreditrahmen« hinaus verschuldet, weil ihnen die Kreditkarte allzu locker sitzt. Müßten sie dagegen auf ihr Bares zurückgreifen, wären die Grenzen des Machbaren schnell erreicht. Mit dem Plastikgeld jedoch läßt sich diese Erkenntnis umgehen. Wer sich also immer wieder von vermeintlichen Sonderangeboten zu »Impulskäufen« hinreißen läßt, die er mit der Kreditkarte begleicht, sollte seine Achtsamkeit häufiger auf den Kontostand lenken, um im Augenblick der Versuchung ein geeignetes »Argument« gegen den Kauf abrufen zu können.

Die Fähigkeit zu Selbstkontrolle und Selbstregulierung gehört heute mehr denn je zu den psychischen Tugenden, die eine erfolgreiche Anpassung an eine komplizierter werdende Umwelt ermöglichen.

Dennoch ist diese Tugend nur sehr schwer zu erlernen, denn die dazu wichtigen »höheren« Bewußtseins- und Achtsamkeitsprozesse werden systematisch unterminiert, während gleichzeitig die Impulse nach allen Regeln der Werbe- und Verführungskunst stimuliert werden.

Ein Impuls entsteht an der Schnittstelle zwischen einer langfristig wirksamen, aber latenten Motivation und einem Auslöser oder Reiz: Wir sind »grundsätzlich« an Sex interessiert, aber dieses Motiv »ruht« – jedenfalls bei den meisten Menschen – so lange, bis ein geeigneter Reiz plötzliches intensives Interesse weckt. Mönche und Nonnen vermindern dieses Erregungsrisiko, indem die sie Chance für solche Außenreize mindern. Daß dennoch sündige Gedanken aufkommen können, liegt zum einen daran, daß bestimmte Reize sehr erfolgreich als Erinnerung »gespeichert« werden können, zum anderen an der vertrackten Logik, daß allzu heftig Verdrängtes besonders hartnäckig wiederauftaucht. Selbst in reizarmen Umgebungen – das wußten schon die Säulenheiligen – bleibt Selbstkontrolle ein Thema.

Wenn es aber schon unter Bedingungen extremer Reizarmut heftiger innerer Kämpfe bedarf, um unerwünschte Impulse in Schach zu halten – wie schwer ist es dann in der schlaraffiösen Welt der Multioptions- und Überflußgesellschaft?

In einem physiologisch-psychologischen Modell haben die Suchtforscher L. T. Kozlowski und C. P. Herman das Dilemma des überreizten Menschen von heute beschrieben: Menschliches Verhalten wird nur in den beiden Extrembereichen von »Mangel« und »Sättigung« von den physiologischen Trieben beherrscht. Nur wenn wir sehr hungrig, durstig oder sensorisch oder sexuell »ausgehungert« sind oder aber wenn wir bis über den Sättigungspunkt hinaus befriedigt sind, bestimmt die Biologie maßgeblich darüber, was wir tun und lassen.

Der ganze große Zwischenbereich ist eine »Zone der biologischen Indifferenz«: Hier leiten Außenreize, soziale Konventionen oder Normen unser Verhalten – das Hochglanzfoto eines saftigen Steaks stimuliert unseren Appetit, obwohl wir nicht wirklich hungrig sind, wir trinken mit Freunden etwas, obwohl wir keinen Durst haben, und wir schauen im Fernsehen noch einen zweiten Film an, obwohl wir gerade einen anderen gesehen haben, also sicher nicht unter sensorischer Unterstimulation leiden.

Die große Spannweite der »Zone der biologischen Indifferenz« macht deutlich, wie sehr unser Verhalten von Wünschen und Impulsen abhängig ist, die durch die vielfältigen Möglichkeiten einer entgrenzten Erlebnis-, Waren- und Konsumwelt geweckt werden können. Um so wichtiger wird in Zukunft sein, ob wir die Fähigkeit zur Selbstbeobachtung, zur Introspektion, zur Achtsamkeit für unsere »inneren« Zustände entwickeln können. Können wir wieder spüren lernen, wann wir satt sind?

5. Kapitel

WER BIN ICH?
Der Versuch, dem Leben einen gewissen Zusammenhang zu geben

Wenn man die Seele sichtet,
Potenz und Potential,
den Blick aufs Ganze gerichtet:
katastrophal!
(Gottfried Benn, *Destille*)

Für mich ist Sinn alles, was Menschen
daran hindert, in den nächsten fünf
Minuten aus dem Fenster zu springen.
(Robert Gernhardt in einem Fernsehinterview)

Die vielen einzelnen Akte der Selbst-
kontrolle, der Selbststeuerung und der Selbstdisziplinierung wären sinnlose Übungen der Askese um der Askese
willen, wenn sie nicht Verhaltensbausteine eines größeren,
kohärenten Lebensentwurfes darstellten. Umgekehrt besteht ein gelungenes Projekt der Selbstbestimmung aus
zahlreichen, alltäglichen Versuchen, sich über Tun und
Lassen, über Konsum und Verzicht, über Erleben und
Nichtteilnahme am Erlebnisangebot Rechenschaft zu geben. Selbstverwirklichung und Selbsterschaffung bedeuten unter den Bedingungen des Überangebots, des ständigen Wählen- und Verzichtenmüssens in den Worten von
Paul Watzlawick: »Es liegt in unserer Hand, das Leben aus
einer Unzahl von Möglichkeiten zu gestalten, wie der
Künstler sein Kunstwerk.«
Die unterschiedlichen Selbststeuerungsprozesse des
Alltags müssen also durch mittel- und längerfristige Strategien koordiniert werden. Diese Koordinationsbemühun-
gen jedoch sind überwölbt von Zwecken und Zielen, die
dem Ganzen erst ein Muster geben. Selbstregulierung an
sich wäre sinnlos, wäre nur das mehr oder weniger kon-
sequente Befolgen von Verboten, Geboten oder Empfehlungen – zum Beispiel im Hinblick auf Gesundheit oder
kurzfristiges Wohlbefinden –, wenn nicht tiefgreifende
persönliche Zielvorstellungen und Ideen über die eigene
Lebensgestaltung die Verhaltenspartikel wie ein Magnet
die Späne auf einen Sinnpol hin ordneten: Effektives

Selbstmanagement scheint die Voraussetzung für »gelingendes Leben« zu sein. Selbstmanagement bedeutet zielbewußtes Handeln in eigener Sache. Aber Selbstmanagement setzt ausreichende Kenntnis der eigenen Fähigkeiten, Schwächen und Wünsche voraus.

Madonna oder Die Kunst, das Beste aus sich herauszuholen

Zu wissen, was man sich selbst zumuten kann, wo man sich überfordert, für welchen Beruf man sich beispielsweise eignet, welchen Schwächen man nicht nachgeben sollte, für welche Reize, Schmeicheleien und Angebote man anfällig ist – diese Selbstkenntnisse lassen sich unter dem Begriff »intrapsychische Intelligenz« zusammenfassen. Selbstmanagement heißt seine Karten richtig auszuspielen, das Beste aus seinen Fähigkeiten und Möglichkeiten zu machen, sich realistische Ziele zu setzen und einzelne Schritte zu diesen Zielen planen zu können. Selbstmanagement basiert jedoch auch auf »interpersonaler Intelligenz« – auf dem Wissen, wie man auf andere wirkt, wie andere zu beeinflussen und für die eigenen Pläne zu gewinnen sind. Und schließlich setzt erfolgreiches Selbstmanagement auch ein bestimmtes Maß an praktischer Intelligenz voraus: Wissen über die äußeren Bedingungen, unter denen man bestimmte Lebenspläne verwirklichen kann, Mittel und Wege für alltägliche Problemlösungen, das Erkennen von Situationen, in denen man Kompromisse schließen muß, und so weiter.

Selbstmanagement ist also nichts anderes als Lebensklugheit, die parallel zu Bildung, »formaler« Intelligenz, angeborenen Talenten und Begabungen vorhanden sein muß. Die Psychologie nennt Menschen, die weit mehr aus sich gemacht haben als aufgrund von Talent und Chancen zu erwarten gewesen wäre, *overachievers*. Umgekehrt sind unter begabten, intelligenten und auch sonst begünstigten Menschen häufig *underachievers* zu finden, die ihre Fähigkeiten und Chancen nicht nutzen konnten und »unter ihrem Niveau« bleiben. Während diese beiden Typen vor allem im Hinblick auf schulische oder universitäre Leistungen definiert werden, läßt sich diese Beschreibung immer klarer auch auf Lebensentwürfe insgesamt anwenden.

Der Schlüssel zum gelingenden Selbstmanagement scheint offenbar darin zu liegen, die richtige Balance zwischen kurzfristigen und langfristigen Zielen zu erreichen: Zu weitgesteckte Ziele, zu hochfliegende Pläne sind ebenso hinderlich für das Selbstmanagement wie zu kurzfristige, zu sehr auf den Alltag fixierte Ziele. Es braucht beides – langfristige, den Alltag transzendierende Ziele und praktikable Zwischenziele »von Tag zu Tag«, die als Bausteine für den großen Gesamtentwurf taugen.

Eine Kultfigur der Postmoderne, die Sängerin-Schauspielerin Madonna, verkörpert den Typus des höchst effizienten Selbstmanagers eindrücklich: Als sie mit ihrem ersten Hit »Material Girl« erfolgreich war, wurde sie von der Musikindustrie noch nicht ernst genommen – Kritiker und Plattenproduzenten sprachen ihr Talent und Stimme ab. Aber sie hatte auch mit ihren nächsten Platten großen Erfolg – und nach einem Jahrzehnt gilt sie als eine der bekanntesten und erfolgreichsten Frauen des Showbusineß. Sie agierte in mehreren Filmen, verkaufte Millionen Schallplatten, wurde zum Idol, und mit ihren Eskapaden und Provokationen blieb sie ein Dauerthema der Medien. Selbst als der »Playboy« frühe Aktfotos von ihr ausgrub und veröffentlichte, tat dies ihrer Karriere keinen Abbruch – im Gegenteil: Sie entwickelte sich ganz kalkuliert und gezielt zum neuen Sexsymbol, produzierte ein Softporno-Buch und verkaufte auch dieses millionenfach. Obwohl sie in jedem Fach höchstens mittelmäßig talentiert ist, schaffte es Madonna, als Sängerin wie auch als Schauspielerin oder als Pop-Ikone das Maximum an Erfolg zu realisieren.

Nicht Madonnas Erfolg *an sich* ist erstaunlich, sondern das Verhältnis des Erfolgs zu ihren eher bescheidenen Begabungen. Sie ist eine Meisterin des Selbstmanagements, die den effizienten Einsatz ihrer Mittel optimiert hat – im Gegensatz etwa zu zahllosen weitaus talentierteren Künstlern, die nach einem Anfangserfolg wieder in der Versenkung verschwinden. Talent und Glück sind zwar wichtige Voraussetzungen für den Erfolg, aber sie bleiben wertlos, wenn nicht die Schlüsselfähigkeit der Selbststeuerung hinzukommt. Umgekehrt sind gute Selbstmanager sehr wohl in der Lage, auch aus minimalen Chancen und Talenten maximale Erfolge herauszuholen.

»Bastler« oder »Lebensunternehmer«?

Unter den Bedingungen eines nahezu grenzenlosen Zielangebots und angesichts des irritierenden postmodernen Werterelativismus wird die Fähigkeit zum Selbstmanagement besonders herausgefordert. Für das Ich der Zukunft bedeutet das, sich nicht immer wieder neu von der Vielfalt möglicher Lebensstile und Lebensziele, von der Fülle kurzfristiger Bedürfnisbefriedigungen und Erlebnisse verwirren zu lassen und den Blick auf eigene, realistische Langzeitziele zu behalten.

Selbstmanagement ist häufig ein Orientierungsproblem, ein Problem, das ein neuer Persönlichkeitstypus jedoch in eine Tugend verwandelt hat: der »Bastler«, der sein Existenzmuster ganz bewußt aus unterschiedlichsten

Versatzstücken zusammenstellt, ohne daß er sich dabei noch um übergreifende Kriterien oder ferne, ideale Lebensziele bemüht. Diese Bastelmentalität charakterisieren die Psychologen Ronald Hitzler und Anne Hohner so: »Basteln meint ein Gelegenheitstun aus quasi privaten Motiven, ein durchaus zwischen Dilettantismus und Genialität changierendes Werkeln und Wirken. Sinnbasteleien im hier gemeinten Verstande bezeichnen mithin alle jene alltäglichen Unternehmungen des individualisierten Menschen, unter, zwischen und am Rande der großen gesellschaftlichen Weltdeutungsprozeduren sein eigenes Leben zu bewältigen. Er stückelt seine Tage aus Zeitblöcken oder Zeitteilen zusammen. Er montiert sein Leben – nicht nur, aber vor allem – als Teilhaber an verschiedenen sozialen Teilzeit-Aktivitäten.«

Im Dickicht des Werte- und Zielpluralismus ist also für viele die Bastelmentalität eine angemessene Lebens- oder sogar Überlebensstrategie. Die eigene Existenz gerät zur Collage, zu einem in seiner Gesamtheit durchaus wohlarrangierten, einem ästhetischen oder ideellen Prinzip folgenden Kunstwerk. Das Prinzip heißt: Prinzipienpluralismus. Doch auch solche »Bastelexistenzen« sind bestimmt von dem ausgeprägten Wunsch nach Gestaltungsautonomie. Selbstbestimmt, emanzipiert und unbeeinflußt durch externe Autoritäten wird das eigene Leben arrangiert.

Gleichgültig, ob ein zusammenhängendes, von einem Sinnideal geprägtes Leben angestrebt wird oder aber ein souveränes Hantieren mit Versatzstücken und lediglich mittelfristigen Strategien – die subjektive Zufriedenheit, das erlebte Glück, die Selbstverwirklichung hängen letztlich davon ab, ob der einzelne ein einigermaßen stabiles Selbstwertgefühl aufbauen kann, einen Wahrnehmungsfilter, der ihm auch bei scheinbarer Wahllosigkeit des Lebensstiles und von Lebenspraktiken hilft, die Wahlautonomie nicht zu verlieren und eigene Maßstäbe anzulegen. Ohne diese Voraussetzungen droht der Absturz in die chaotische Beliebigkeit: »Wenn wir versuchen, ... unterschiedslos alle Impulse entgegenzunehmen, alle Angebote der Beschleunigung aufzunehmen und in möglichst vielen Filmen gleichzeitig zu leben, wird unsere innere und äußere Wirklichkeit konturlos und verliert ihre Gestaltbarkeit. Wir sind somit total angeschlossen, tuned in, aber gleichzeitig total handlungsunfähig. Wir können keine Richtung erkennen, keine Synergien entwickeln, keine Verantwortung übernehmen, sind niemand, können nichts in uns entwickeln und behalten, sind auf Durchfall programmiert.« Christian Lutz, der so die Gefahren der Gleich-Gültigkeit in der Auswahl von Lebensstrategien beschreibt, postuliert das Modell des »Lebensunternehmers«. Das sind »Menschen, die sich für ihr eigenes Leben wie für ein Unternehmen verantwortlich fühlen. Das Leben wird wahrgenommen als Potential, für dessen Weiterentwicklung man sich eigenständig verantwortlich fühlt; man entwickelt es im Bewußtsein weiter, daß Entwicklung nur in der Synergie mit einem dynamischen Umfeld möglich ist, ... das Lebensunternehmer-Modell bewegt sich irgendwo auf der Achse zwischen den Extremen; es schließt Experimentieren mit ihnen ein. Die Multiphrenie derer, die Resonanzboden für zahllose Denk- und Erlebnismöglichkeiten gewesen sind, erschließt ebenso neue Gestaltungsräume wie die Unerbittlichkeit jener, die eine einzige Denk- und Werthaltung bis in ihre letzten Konsequenzen durchgespielt haben. Aber erst die Synergie zwischen Offenheit und Geschlossheit macht uns nachhaltig entwicklungsfähig.«

Der eigene Erfolg, die eigene Selbstverwirklichung sind demnach nicht Selbstzweck, sondern eingebunden in einen größeren sozialen Zusammenhang. Lebensmanager sind eher experimentelle Konstrukteure als Bastler – sie folgen einem langfristigen, komplexen Handlungsplan.

Und im Gegensatz zum »Bastler« ist ihnen die Gestaltung der eigenen Biographie trotz aller Experimente eine bewußte, zielgerichtete Anstrengung.

Fundamentalismus: Sinnsysteme von der Stange

Leben am Ende des Jahrtausends bedeutet permanente Arbeit am Selbst. Wer den Imperativen der Konsum-, Erlebnis- und Optionsgesellschaft gerecht werden und sich gleichzeitig nicht in der Entgrenzung und Beliebigkeit verlieren will, muß einen komplizierten Balanceakt vollführen: Weil die Wahrnehmung der Möglichkeiten, der Konsum- und Erlebensoptionen einerseits mit den Vorstellungen von gelingendem Leben eng verknüpft sind, weil aber andererseits ein Mindestmaß an innerem Zusammenhang, an Kontinuität und Kohärenz Voraussetzung dafür ist, daß »das Beste daraus gemacht« werden kann, müssen wir immer stärker zu Planern und Konstrukteuren unseres Lebensentwurfs werden. Und wir können uns kaum für längere Zeit einem einmal eingeschlagenen Weg überlassen.

Nicht, daß es keine vorgegebenen Wege oder Traditionen mehr gäbe, denen man nur folgen muß – das Problem ist vielmehr, daß es eine unendliche Vielzahl solcher Wege gibt und sie oft nur um den Preis des dumpfen Gefühls, eine Abzweigung verpaßt zu haben, aus dem Bewußtsein verbannt werden können. Das Kunststück besteht darin, für sich selbst eine Richtung, eine Bestimmtheit oder ein Wertesystem zu finden, das einerseits die Auseinandersetzung mit dem multioptionellen Alltag erlaubt, gleichzeitig aber Richtung und Zusammenhang für längere Zeitabschnitte ermöglicht.

Das psychische Dilemma, dem sich die Menschen bei diesem Balanceakt gegenübersehen, beschreibt Ulrich Beck so: »Im Gegensatz zum traditionalen Wertesystem, wo Erfolg stets relativ eindeutig definiert war (Einfamilienhaus, Auto etc.), kann sich heute keiner mehr wirklich im klaren sein, wann er das, was er sucht, gefunden hat und wie er anderen von seinem Erfolg verbindlich und überzeugend Nachricht geben kann. Die Konsequenz ist, daß die Menschen immer nachdrücklicher in das Labyrinth der Selbstverunsicherung, Selbstbefragung und Selbstvergewisserung hineingeraten. Zugleich führt der unendliche Regreß der Fragen: Bin ich wirklich glücklich?, Bin ich wirklich selbsterfüllt?, Tue ich wirklich das, was ich tun will?, Wer ist das eigentlich, der hier ich sagt und fragt? in immer neue Antwortmoden, die in vielfältiger Weise in Märkte für Experten, Industrien und Religionsbewegungen umgemünzt werden können.«

Um dieses Dilemma zu lösen, brauchen wir offenbar ein bestimmtes Maß an persönlicher Kontinuität und Kohärenz. Damit das Leben nicht einem Spielfeld gleicht, auf dem keine Linien gezogen sind, müssen die Individuen selbst Hilfskonstruktionen ersinnen, Richtlinien und Ziele, die der Lebensbewältigung und der Selbstdefinition dienen.

Der Zwang, sich selbst eine Richtung geben zu müssen, wird von vielen als so stark empfunden, daß sie sehr schnell und bereitwillig auf die zahlreichen Fertigangebote eingehen und sozusagen ein Sinnsystem von der Stange kaufen. Ein vierzigjähriger Facharbeiter schildert, wie er in der Sekte »Universelles Leben« seine Richtung fand: »Ich war schon lange auf der Suche. Meine Eltern haben mich christlich erzogen, doch ich habe gemerkt, daß da was nicht stimmt. Ich hatte ein Gefühl, das mir sagte, hier wird nur geredet. Ich habe da auch keine Antworten gekriegt, woher ich komme, was das alles für einen Sinn hat. Ich habe mich dann viel mit anderen Religionen beschäftigt, Buddhismus, auch Astrologie. Ich habe da – es war ja die Zeit, wo das New Age so in aller Munde war – auch mal was mitgemacht, doch das war mir irgendwie fremd geblieben. Und dann bin ich zum Universellen Leben gekommen. Zuerst habe ich mir gedacht, naja, mal schauen, das ist sicher auch nur so ein komischer Verein. Aber irgendwie hat es mich angesprochen. Ich wurde nicht bedrängt, habe alles in Ruhe geprüft, und dann habe ich mehr und mehr gespürt, daß das alles wahr ist. Ich habe auch die Veränderungen in mir gespürt, als ich die ersten Meditationen gemacht habe. Es ging mir besser, ich fühlte mich freier. Und gerade, was Jesus über die Reinkarnation sagt, half mir, mein Leben zu verstehen. Früher habe ich immer gehadert. Jetzt kann ich es akzeptieren, daß meine Seele aus ihrem vorigen Leben beschattet ist, und ich bin dankbar, daß ich im Universellen Leben den Weg gefunden habe, die Belastungen wegzunehmen. … Ich habe im Universellen Leben meine Heimat gefunden, meine innere Heimat.«

Und in dem »Spiegel-Spezial«-Heft mit dem Titel »Die Eigensinnigen: Selbstporträt einer Generation« schreibt einer der Jugendkultler: »Die alten Identitätsstifter haben ausgedient. Familie, Stamm und Nation sind Dinosaurier: unsympathisch und reaktionär. Jugendkulturen verhöhnen diese überkommenen Sozialisationsagenten und ersetzen sie durch gestylte Simulationen. Für diese zweckdienlich entworfenen Konstruktionen kann man sich entscheiden – man hat die Freiheit der Wahl und findet sich wieder unter Gleichgesinnten. Das macht nicht nur Spaß, sondern auch Sinn… Für den Stüssi tribe liegt er in einer elitären Eingeschworenheit auf all das, was sich vom Rest der un-coolen Jugendkultur abhebt.«

Warum wir langsam und schnell zugleich sein müssen

Die Sehnsucht nach Kontinuität und Kohärenz sind inzwischen so starke Motive geworden, daß viele Individuen in der postmodernen Gesellschaft bereit sind, ihre Bewegungsfreiheit auf dem Markt der Möglichkeiten teilweise oder ganz aufzugeben. Nicht jeder kann aus dem Balanceakt zwischen Selbstdefinition und permanenter Neuorientierung ein Kunstwerk machen, nicht jeder kann spielerisch und souverän, beseelt von einer »Bastelmentalität«, mit den Möglichkeiten umgehen, ohne sich dabei zu verlieren.

Stabilität und Sicherheit werden vor allem in traditionalistischen oder fundamentalistischen Grundhaltungen gesucht, zumindest aber in den gemäßigten Formen einer »Kontinuitätskultur«, wie sie der Philosoph Odo Marquard postuliert. Die zunehmende Beschleunigung des Veränderungstempos in der Gesellschaft führt zu einer psychischen Innovationsüberlastung – einem tiefen Unbehagen, das schließlich Kompensationsleistungen hervortreibt. Das Tempo der Innovationen, die über uns hereinbrechen, kann nur dann ertragen werden, wenn wir es mit retardierenden Momenten ausgleichen. Der Philosoph Joachim Ritter hat diesen Reflex auf Beschleunigung und Enttraditionalisierung auf die Formel gebracht: »Zukunft braucht Herkunft«. Zwar verhalten sich Wirtschaft, Wissenschaft und Medien so, als ob Herkunft und Tradition vor allem als Ballast zu betrachten seien, den es abzuwerfen gelte, weil er neuen Problemlösungen nur im Wege stehe. Und die Fortschritte in der Verbesserung von Lebensqualität scheinen dieser zukunftsorientierten, ganz auf Modernität ausgerichteten Strömung recht zu geben. Aber psychisch sind diese Beschleunigungen nicht auszuhalten.

So hat der Mitautor der Skalen zur Erfassung »kritischer Lebensereignisse«, Richard Rahe, festgestellt, daß sich das Streßpotential des Menschen seit 1960 um 44 Prozent erhöht hat. Rahe, der in Tempo und Vielzahl von Lebensveränderungen die entscheidenden Stressoren unserer Zeit sieht, gelangt zu diesem Ergebnis, indem er das Maß von positiven *und* negativen Veränderungen innerhalb eines gewissen Zeitraumes erfaßt hat: von großen und schwerwiegenden wie etwa Wechsel des Arbeitsplatzes, Scheidung, Geburt eines Kindes und so weiter bis hin zu kleineren, alltäglicheren Veränderungen, auf die wir uns immer wieder neu einstellen und quasi neu justieren müssen. In der Vielzahl dieser Neuanpassungen und in ihrem steigenden Tempo liegen die Ursachen für viele psychische, psychosomatische und körperliche Erkrankungen, die pauschal unter dem Rubrum »Streß« subsumiert werden.

Zwei Grundmotive konkurrieren miteinander, wenn wir versuchen, Vielfalt und Beschleunigung des modernen Lebens zu bewältigen: Zum einen möchten wir nichts verpassen, möchten in unserer knappen Lebenszeit möglichst viel »mitnehmen«. Zum anderen aber sind wir auch überforderte »Wandlungsträger« (Marquard), die spüren, daß sie nicht alles erleben, genießen, ausprobieren können, was möglich erscheint.

Wir brauchen einen Gutteil unserer Lebenszeit schon dazu, um das, was wir erreicht haben, zu verbrauchen, zu genießen und zu leben. Angesichts dieses Dilemmas müssen wir also langsam und schnell zugleich sein – wir brauchen Kontinuität, Langsamkeit und Beharrung ebenso wie Flexibilität und schnelle Anpassung an Neues.

Um beides miteinander vereinbaren zu können und um weder rigiden und regressiven Lebensmodellen anheimzufallen noch uns in Flüchtigkeit und Instabilität zu verlieren, brauchen wir eine Kontinuitätskultur. Wir brauchen Linien und Strukturen, die die Episoden und Ereignisse unseres Lebens miteinander verbinden. Der Entwicklungspsychologe Donald Winnicott hat bei Kleinkindern beobachtet, daß sie sich an sogenannte »Übergangsobjekte« klammern, um den Herausforderungen neuer Lebensphasen und neuer Erfahrungen angstfrei begegnen zu können. Der Teddybär gibt Sicherheit und Vertrauen, wenn neue und fremde Wirklichkeiten erforscht und erprobt werden müssen. Solche Übergangsobjekte brauchen wir offenbar auch als Erwachsene.

Auch Erwachsene versuchen immer häufiger, bestimmte Symbole oder Objekte mit sich zu führen, um in den Turbulenzen der Möglichkeitswelt jederzeit ein Element der Stabilität verfügbar zu haben. Der Rausch des Neuen, die Sucht nach Innovation und Stimulation und die Lust an der Beschleunigung erzeugen paradoxerweise eine Rückbesinnung auf Bewährtes, auf Traditionelles, Sicheres. So wie die Städte ihre Modernisierungs- und Innovationsschübe dadurch ausgleichen, daß sie Altbauten sanieren, Museen einrichten, Fachwerkhäuser liebevoll restaurieren und selbst schon in Industriebauten der fünfziger Jahre Bewahrenswertes entdecken, so suchen auch Individuen nach Wurzeln und Spuren, die ihnen als Person Kontinuität und Kohärenz vermitteln. So erklärt sich beispielsweise auch die zunehmende Liebe zu Flohmärkten und Antiquitäten, aber auch zu Ritualen und Institutionen, die schon deshalb nicht dem rasenden Zyklus von Innovation und Veraltung unterworfen sind, weil sie nicht einfach alt, sondern uralt sind und jenseits jedes Innovationszwanges stehen. Entsorgt werden muß zwar der materielle und ideelle Müll, den Moderne oder Postmoderne gestern produziert haben, dagegen wird das Vorvorgestrige liebevoll restauriert und wieder in den Markt der Möglichkeiten eingeführt.

Der Schock der Sinnlosigkeit und das Überangebot an »Sinn«

Nach dem Sinn des Lebens zu fragen war traditionellerweise das Reservat der Philosophen, Theologen und anderer professioneller Sinnsucher. Zwar versuchen wir alle tagtäglich, sinnvoll zu handeln und Sinnloses zu vermeiden. Wir stehen morgens auf, weil uns Verpflichtungen, Hoffnungen oder auch nur Gewohnheiten antreiben. Wir planen das nächste Wochenende ebenso wie die Karriere, kümmern uns um unsere Altersversorgung und um das Fortkommen unserer Kinder. Wir setzen uns Ziele, die wir nach Tagen, Monaten oder Jahren erreichen wollen und die uns Halt und Orientierungen geben.

Aber ist das schon das »allumfassende, übergeordnete, sinnstiftende Ziel«, das der Erfinder des Flow-Konzeptes, Mihaly Csikszentmihalyi, fordert? Er glaubt, daß wir es nicht bei dem kleinen Glück der kleinen Ziele bewenden lassen dürfen, wenn wir nicht im Chaos des Alltags versinken wollen. Erst diese übergeordneten Ziele stiften jene Ordnung, in der Identität und Lebensglück gefunden werden könnten.

In der Realität jedoch sind wir zunächst unsere eigenen Mittelstrecken-Philosophen, die von Tag zu Tag um Ordnung, Zusammenhang und Bedeutung ringen, wenn es um die Bewältigung der tausend Anforderungen und Aufgaben geht. Wir verknüpfen Zukünftiges mit Vergangenem, versuchen, nicht ganz im Alltagsgewurstel und in Banalität zu versinken, und gelegentlich fragen wir uns schon, »was das alles soll«. Menschen sind die einzigen Wesen, die Sinn brauchen, und sei er noch so begrenzt, um leben zu können. Unsere Sprache ist vor allem auch zu dem Zweck entstanden, dem Chaos und der unendlichen Beliebigkeit unserer Existenz ein Netz von Bedeutungen, Strukturen und Symbolen überwerfen zu können.

Aber über den Sinn des Lebens als ganzes, über das Leben schlechthin denken wir höchst selten nach. Am ehesten sind wir in Zeiten persönlicher Krisen dazu bereit, wenn uns plötzlich bewußt wird, daß ein bis dahin kaum reflektierter Lebensinhalt, eine Selbstverständlichkeit, abhanden gekommen ist:

– Für Arbeitslose ist es beispielsweise ein existentieller Schock, plötzlich die eigene »Überflüssigkeit« erleben zu müssen. Sie verlieren ihre wichtigste Verbindung zur gesellschaftlichen Realität, und je stärker ihr persönliches Wertesystem durch den Beruf geprägt war, desto größer ist die nun folgende Sinnkrise. Wohl dem, der die Erschütterung durch andere Lebensinhalte – Familie, Freundschaften, Religion – abfedern kann.

– Mit dem real existierenden Sozialismus ist nicht nur ein wirtschaftliches und politisches System zusammengebrochen, sondern vor allem auch ein Sinnsystem. Millionen Menschen haben trotz Unfreiheit und Bedrückung einen Sinn darin gesehen, für die Idee der klassenlosen Gesellschaft zu leben und um einer besseren Zukunft willen eine schlechte Gegenwart zu ertragen. Die Entwertung der eigenen Biographie, ihre »Sinn-Entleerung«, ist eine tiefgreifende Sinnkrise, gegen die mit Trotz, (N)Ostalgie und PDS-Stimmen angekämpft wird. Niemand will »umsonst« gelebt haben.

– Paradoxerweise vergiftet eine tiefgreifende Sinnkrise auch das Leben der »Sieger« im Kampf der Weltanschauungssysteme: Der Begründer der Logotherapie, Viktor Frankl, sieht die teuflische Dreifaltigkeit aus Depression, Aggression und Sucht als das Hauptproblem der westlichen Wohlstandsgesellschaften, die allmählich in Zynismus, Richtungslosigkeit und Sinnleere versinken.

Das Sinnvakuum wächst gerade deshalb, weil ein Überfluß an konkurrierenden Sinnangeboten besteht, dem der einzelne ratlos und verunsichert gegenübersteht. Zuviel

Discount-Sinn, die inzwischen nicht mehr so neue »Neue Unübersichtlichkeit« – das sind Hochzeiten für Gurus, Sekten und andere Sinnlieferanten.

Trotz – oder gerade wegen – der sich ausbreitenden Sinnkrise vermeiden viele Menschen ängstlich, sich öffentlich zur Sinnsuche zu bekennen, als ob dies ein peinliches Thema wäre: Sozialwissenschaftler, die Menschen nach ihrem Lebenssinn befragen wollten, stellten fest, daß sie in Gruppen fast nur ironisch-distanziert und witzelnd darauf eingingen. Einzeln befragt, reagierten sie dagegen sehr emotional und verhedderten sich in gewundenen Erklärungen. Es ist heute offenbar leichter, so merken die Forscher an, über intime Details des Sexuallebens zu sprechen als über den Sinn des Lebens.

Daß es »den« Sinn des Lebens kaum gibt, also ein einziges, übergreifendes und dominierendes Prinzip, zeigte eine Untersuchung bei alten Menschen. Sie sollten die Geschichte ihres Lebens erzählen und dabei das Leitmotiv nennen. Nur ganz wenige identifizierten ein übergreifendes, alles integrierendes Motiv. Die meisten nannten zwischen vier und sechs Hauptthemen, die ihrem Leben Orientierung und Zusammenhang gaben.

Wann ist das Leben sinnvoll? Vier Antworten

Im Grunde entspricht dies der Auffassung der existentialistischen Philosophen: Das Leben als ganzes mag absurd und sinnlos sein – es gibt keinen ultimativen Sinn, der außerhalb unserer Existenz vorgegeben ist, etwa durch einen Gott, ein Horoskop oder eine Ideologie. Jeder Sinn, den wir dem Leben – oder auch nur seinen Augenblicken – geben, ist eine Konstruktion, eine Erfindung. Und dennoch weigern wir uns, sinnlos zu leben. Das Leben selbst zwingt uns, immer wieder Sinneinheiten zu stiften und einen kurzfristigen Sinn im letztlich Sinnlosen zu finden, ganz gemäß der Erkenntnis von Woody Allen: »Die Realität mag absurd und sinnlos sein, aber sie ist der einzige Ort, wo es ein gutes Steak gibt.«

Viele trösten sich aber auch damit über eine sinnlos erscheinende Welt hinweg, daß sie fest davon überzeugt sind, es gebe irgendeinen verborgenen Sinn, der sich uns (noch) nicht erschließt. Wir müssen diesen »großen Plan« gar nicht kennen, um existieren zu können.

Warum ist das Bedürfnis nach Sinn so ausgeprägt – auch wenn der moderne Mensch durchaus ohne ein geschlossenes Sinnsystem, ohne Metaphysik oder sonst eine Theorie über die letzten Fragen auskommt? Vier unterschiedliche Bedürfnisse bilden so etwas wie das psychologische Gerüst jeder Sinnkonstruktion:

– *Das Leben ist sinnvoll, wenn es darin Ziele gibt*: Menschliches Verhalten ist fast ausnahmslos auf Zwecke und Ziele ausgerichtet, wir wollen etwas erreichen, bewirken oder vermeiden. Das können ganz banale, kurzfristige Ziele sein – etwa die Organisation einer Party oder das Sammeln von Spesenbelegen zur Minderung der Steuerlast. Wem selbst solche alltäglichen Zwischenziele abhanden kommen, der mag es eine Zeitlang genießen, ziellos dahinzutreiben. Als Dauerzustand ist Ziellosigkeit jedoch den meisten Menschen unerträglich.

Neben den eher extrinsisch motivierten Alltagszielen gibt es weitergreifende, intrinsisch motivierte Ziele, die häufig als »Erfüllung« bezeichnet werden. Erfüllung ist ein angestrebter emotionaler Idealzustand: Glück, Zufriedenheit, Bedürfnislosigkeit, immerwährende Liebe, der Traumjob plus Traumgehalt, und so weiter. Für die meisten entpuppen sich diese Ziele als Mythos, dem sie lebenslang vergeblich nachjagen, oder als höchst flüchtige Momente, nach denen Ernüchterung und grauer Alltag

190

einkehren. Und doch sind solche idealisierten Vorstellungen von Erfüllung wichtig, weil sie den Alltagsaktivitäten erst ihre Langzeitperspektive geben.

– *Das Leben ist sinnvoll, wenn es von festen Wertvorstellungen geprägt wird*: Werte sind das moralische Unterfutter des Lebens – sie begründen und rechtfertigen unser Verhalten vor uns selbst und vor anderen. Religion, Moral, Philosophie bieten mehr oder weniger geschlossene Wertsysteme an, die auffälligerweise häufig als Negativkatalog formuliert sind (von den Zehn Geboten sind acht eine Aufforderung zur Unterlassung). Je sicherer jemand in einem Wertsystem verankert ist, desto leichter gewinnt er auch »sinnlosen« Ereignissen einen Sinn ab (»Gott hat mein Kind zu sich gerufen, es ist jetzt ein Engel...«). Und: Selbst wenn sie sich gewalttätig, egoistisch und grausam verhalten, versuchen die meisten Menschen, ihre Taten mit Werten zu rechtfertigen und zu überhöhen (»... die Grenztruppen gewährleisten die Sicherheit der DDR«).

– *Das Leben ist sinnvoll, wenn Menschen das Gefühl haben, es zu kontrollieren*: Sich selbst als stark, fähig und wirkungsvoll zu erleben ist eine zentrale psychische Voraussetzung dafür, Sinn und Zusammenhang zu konstruieren. Die Überzeugung, das eigene Geschick lenken oder doch zumindest beeinflussen zu können, ist nicht nur ein Grundpfeiler der seelischen Gesundheit (»Selbstwirksamkeit«), sondern auch ein sinnbegünstigendes Moment im Leben. Mitunter sind es sogar nur (Kontroll-)Illusionen, die diesen Effekt hervorrufen – Versuchspersonen glauben beispielsweise, sie hätten größere Gewinnchancen, wenn sie Lotterielose selbst ziehen, anstatt sie per Zufall zugeteilt zu bekommen.

Wer sich dagegen ausgeliefert und machtlos fühlt, ist schnell der Überzeugung, Spielball von willkürlichen und sinnlos operierenden Mächten zu sein. In gravierenden

Fällen von Kontrollverlust geht sogar der Lebensmut verloren, wie Martin Seligman in seinen Experimenten zur »erlernten Hilflosigkeit« gezeigt hat. Eine der dramatischsten und häufigsten modernen Eßstörungen, die Anorexie (Magersucht), wird als ein extremer Versuch betrachtet, die Kontrolle über die eigenen Wünsche und (Eß-)Begierden zu gewinnen. Anorektiker leben in ständiger Furcht, daß ihre Willensdämme brechen und sie von Freßlust überschwemmt werden. Gerade für Frauen, die besonders häufig von Anorexie betroffen sind, wird der Körper zum Schlachtfeld der eigenen Willenskraft – ein symbolischer Kampf um Kontrolle, um Macht und um Beherrschung der äußeren Welt.

– *Das Leben ist sinnvoll, wenn Menschen das Gefühl haben, wertvoll und wichtig zu sein*: Das Selbstwertgefühl kann sich aus Leistung, aus begründeten oder unbegründeten Gefühlen der Überlegenheit oder auch aus der Zugehörigkeit zu einer Prestigegruppe speisen. Immer geht es um einen sozialen Vergleich, um die möglichst günstige Position in einer als verbindlich angesehenen Skala des sozialen Ansehens. Selbstwert läßt sich durch Erfolge beruflicher oder sportlicher Art gewinnen, aber auch durch Vorurteile, Rassismus und andere Formen der Abwertung anderer. So interpretieren Sozialwissenschaftler die rassistischen Übergriffe durch Hooligans auch als fehlgeleiteten Versuch, ein Mindestmaß an Selbstwertgefühl zu erreichen.

Während in früheren Gesellschaften der Selbstwert weitgehend durch die (unveränderliche) ständische oder hierarchische Ordnung festgeschrieben und der Lebenssinn somit ebenfalls fixiert war, ist mit der sozialen Durchlässigkeit (»vertikale Mobilität«) in modernen Zeiten der Selbstwert eines Menschen selbst »mobil« geworden: Sozialer Auf- und Abstieg sind möglich, und das Selbstwertgefühl wird dadurch zu einer labilen, leicht beeinflußbaren Größe. Die Folge ist andauernde Unsicherheit, der eigene Wert muß immer wieder neu bestimmt und gesichert werden.

In jedem dieser vier Eckpfeiler des Lebenssinns nisten die Würmer des Zweifels und der Sinnlosigkeit:

– *Ziele* können sich als falsch oder »leer« entpuppen – wenn jemand beispielsweise in der Lebensmitte erkennt, daß die eifrig betriebene Karriere nicht die erwartete Erfüllung bringt.

– Das *Selbstwertgefühl* erhält durch Arbeitslosigkeit, Mißerfolge oder andere Schicksalsschläge empfindliche Dämpfer.

– Die *Selbstwirksamkeit* wird durch Krankheit oder nachlassende Leistungsfähigkeit beeinträchtigt, oder eine externe Macht führt uns brutal vor Augen, wie wenig Kontrolle wir in Wirklichkeit über unser Leben haben.

– Das größte Problem jedoch dürfte die *Erosion der Wertebasis* in unserer Gesellschaft sein: Es gibt heute kaum noch allgemein anerkannte, verbindliche Werte. Die klassischen Werteinstanzen sind zerstört oder haben ihre Kraft verloren.

– *Religion*: Die Kirchen verstehen sich mehr und mehr als spirituelle Dienstleister; als Wertelieferanten haben sie für die Mehrheit längst ausgedient.

– *Tradition und Moral*: Sie waren der Verhaltenskodex für das Leben, einengend zwar, aber auch Sicherheit bietend. In der Regel haben soziale Gruppen, in die der einzelne eingebunden war, die Einhaltung der Traditionen und der moralischen Regeln überwacht und erzwungen. Das Verhalten war von einem sozialen Konsens geprägt. Heute zerfällt die disziplinierende Macht dieser Gruppen: Niemand muß mehr Ächtung oder Ansehensverlust befürchten, wenn er sich etwa die neue Ethik des »cleveren Regelverletzers« zu eigen macht und jeden möglichen Vorteil für sich herausschindet. Die moderne Sexualmoral beispielsweise nähert sich allmählich dem liberalen Ideal des vollkommenen Laisser-faire an.

– *Arbeit*: Die protestantische Arbeitsethik, einstmals psychologische Grundlage des modernen Kapitalismus mit ihren Werten Fleiß, Sparsamkeit, Verzicht, hat sich nahezu aufgelöst. Arbeit ist kein Wert mehr an sich, sondern dient anderen Zwecken: Status, Geld – und Selbstverwirklichung.

Die letzte Instanz: Ich selbst

Wenn die Wertebasis bröckelt und sich auch die anderen Träger von Lebenssinn im Zeitalter des Individualismus als labil bis einsturzgefährdet erweisen – woher bezieht der heutige Mensch die Kraft, um seinem Leben Richtung, Kohärenz und Stabilität zu geben? Die Antwort lautet: Er selbst wird zur Basis und letzten Instanz seines Lebensplans mit all seinen Wertentscheidungen und Sinnperspektiven. Indem er an seinem Selbst arbeitet und seine Potentiale ausschöpft, entwickelt er selbstgemäße, dem Selbstmanagement adäquate Ziele, eine neue Moral und neue Formen des Lebenssinns.

Wie weit diese neue Basis trägt, bleibt zunächst offen. Fest steht, daß der Verlust an alten Werten und Traditionen es erzwingt, das so entstandene Sinnvakuum mit neuen Konstruktionen zu füllen. Das Bedürfnis nach Sinn – so postulierten alle großen Philosophen der Sinnsuche – entsprang immer auch dem Wunsch, sich selbst zu transzendieren und Teil eines größeren Ganzen zu werden. Dieser Wunsch verkehrt sich nun, so scheint es, in sein Gegenteil: Weil »da draußen« nahezu alles fragwürdig und unsicher geworden ist und nichts der Mühe wert erscheint, daran unter Selbstüberwindung teilzuhaben, wendet sich das Ich seinen neuen Bedürfnissen zu. Es will im Chaos der Werte und fragwürdig gewordenen »großen Ziele« wenigstens für sich selbst die Entfaltung aller Möglichkeiten erreichen.

Waren Selbstbezogenheit und Selbstentfaltung historisch lange Zeit verpönt (als »Ich-Sucht«, Egoismus oder Narzißmus), so sind sie heute die Grundlage für eine neue Moral, in der Individualismus und Sinnstiftung miteinander verschmelzen. Das läßt sich an solchen Lebensbereichen ablesen, die dieser Dynamik in besonderem Maße unterworfen sind:

– Die *Arbeit* dient denen, die noch Arbeit und Aufstiegschancen haben, zur »Glorifizierung des Selbst« (Roy Baumeister). Das Gehalt wird zwar auch für den Lebensunterhalt benötigt, ist aber vor allem ein symbolischer Beweis für den Wert der eigenen Person. Wir leisten etwas, um uns selbst als kompetent und kontrolliert darzustellen, um Macht zu erringen. Die Leistung ist vor allem ein Ausdruck des Selbstwertes.

– Die *Familie:* Wenn heute in manchen westlichen Industriestaaten fast schon die Hälfte aller Ehen geschieden werden, so ist dies auch ein Indiz für die Höherbewertung des Selbst. Persönliche Ziele werden zunehmend denen der Familie übergeordnet. Eine Inhaltsanalyse bei Frauenzeitschriften über die drei letzten Jahrzehnte hinweg illustriert diesen Wandel: Wenn Familienwerte und Selbstverwirklichung kollidieren, wird immer häufiger die Familie als Hindernis definiert – und aufgegeben. Kinder sind keine Lebensaufgabe mehr, sondern werden als Möglichkeit gesehen, sich selbst auszudrücken und darzustellen. Sie sollen bereichern, Spaß und Stolz bringen – sie sind Erweiterungen des Selbst.

– Die *Religion:* Traditionell waren fast alle Religionen gegen die Überhöhung des Selbst eingestellt. Sie stellten spirituelle und gemeinschaftliche Werte über die des Ichs und bestraften jeden Anflug von Hybris des Individuums. Diese Haltung ist heute in vielen Religionen stark abgeschwächt, sie akzeptieren zunehmend das Selbst als Quelle moralischer Autorität (von den fundamentalistischen Rückzugsgefechten des Papstes einmal abgesehen). Der Buddhismus, eine Religion, die die Auslöschung des Selbst und seiner Begierden als höchstes Ziel lehrt, avancierte sogar zur Modereligion gelangweilter Westler, die auf dem Selbstfindungstrip sind und – so haben Umfragen ergeben – ganz einfach die angenehmste, toleranteste und bequemste Religion für sich nutzen wollen.

Bleibt ein Problem bei der Sinnsuche: Wenn das Selbst zur letzten Instanz für Lebenssinn wird und ihn quasi aus sich selbst heraus schöpfen will, dann stellt der Tod ein unlösbares Dilemma dar. Mit ihm erlischt nämlich auch jeglicher Sinn, der nur auf das Selbst bezogen war. Nichts bleibt. Kaum jemand unter aufgeklärten modernen Menschen ist noch bereit, sich ganz für eine Sache oder für andere Menschen aufzuopfern. Niemand will noch für eine Idee sterben. Aber es war gerade der Tod, der Märtyrern und anderen todesverachtenden Helden ihren Lebenssinn gab. Der Nachruhm oder der erhoffte Lohn im Jenseits machten es leichter, das Selbst aufzugeben. Dieser Trost, diese Perspektive bleibt den meisten Menschen heute versagt. Der Gedanke an den Tod ist deshalb besonders schwer zu ertragen und wird, so gut es nur geht, verdrängt. Es geht zunächst darum, das eigene Ende mit allen Mitteln der Lebensverlängerung (»Longevity« – Langlebigkeit – ist der Titel einer erfolgreichen amerikanischen Zeitschrift) hinauszuschieben.

Dennoch scheint es, daß viele im fortgeschrittenen Lebensalter, mit dem Heranrücken des biologischen Endes, ihre selbstbezogenen Werte überprüfen – und häufig revidieren. Robert Lifton hat darauf hingewiesen, daß auch die heutigen Menschen in der zweiten Lebenshälfte beginnen, über Formen des Weiterlebens nach dem Tode nachzudenken und sich entsprechend zu engagieren. Sie wollen, daß von ihnen »etwas bleibt« , sie suchen auch in den Zeiten der Postmoderne nach Formen der Selbsttranszendenz. Und sie beginnen nun, ihr Leben neu zu interpretieren, seinen Sinn zu bestimmen und, wenn möglich, noch etwas Sinnvolles zu tun. Der starke Wunsch, etwas »zurückzuzahlen«, die eigenen Erfahrungen, Träume, Weisheiten weiterzugeben, bewirkt eine allmähliche Abkehr von den selbstbezogenen Zielen. Daß dieser Wunsch auch in Zeiten der Selbstzentriertheit überlebt hat, ist Beweis für das offenbar alle Veränderungen überdauernde Bedürfnis, den Sinn im Leben zu entdecken. Nicht die individuell gefundene Antwort ist entscheidend, sondern die unstillbare, unauslöschbare Sehnsucht nach einem »höheren« Sinn ist das eigentlich Erstaunliche.

Identität: Die Suche nach dem harten Kern

In der entgrenzten Möglichkeitswelt ist der Hunger nach Sinn auch eine Folge des Zwangs, sich immer wieder entscheiden und den eigenen Weg finden zu müssen. Wer mit dem Überangebot an Lebensstilen und Optionen, an Waren und Informationen, an Erlebnis- und Genußmöglichkeiten leben und sich nicht erschöpft und überwältigt auf eine »eindeutige«, vielleicht sogar fundamentalistisch eingeengte Lebensperspektive beschränken will, muß die postmodernen Tugenden der Flexibilität und Offenheit pflegen und sie zum Teil seiner Persönlichkeit machen.

Aber die Daueraufgabe der Orientierung und Neujustierung der eigenen Person im Möglichkeitsuniversum wird auch für die zur Last, die »dabeibleiben« wollen. Eng gekoppelt mit der Suche nach ordnenden, orientierenden Sinnsystemen ist deshalb die Suche nach einem weiteren Element der Stabilität – nämlich nach Identität: Gibt es trotz der Auflösungserscheinungen des Ichs in den unendlichen Spielräumen und Beziehungen der Postmoderne nicht doch einen stabilen »Kern«, ein unveränderliches, unantastbares Zentrum der Persönlichkeit?

Identität ist ein Haupt- und Schlagwort unserer Zeit geworden, gerade weil sie so schwer zu bestimmen ist. Die Suche nach Antworten auf die Frage »Wer bin ich?« gehört zwar zu den philosophischen Standardaktivitäten aller Epochen, aber erst seit der Mobilmachung des Menschen in der Moderne wird »Identität« als ein Problem empfunden: Die Kluft zwischen dem, was jemand ist, und dem, was er sein und werden könnte, wurde größer. Mit den Möglichkeiten, sich selbst über die angeborenen Grenzen von Stand, Rasse, Geographie oder Geschlecht hinauszuentwickeln, kam auch das Unbehagen, Tempo und Richtung dieser Entwicklung selbst bestimmen zu müssen – und vielleicht den eigenen Ansprüchen nicht zu genügen. Zygmunt Bauman faßt dieses Unbehagen so: »Identität bedeutet immer: noch nicht.«

Das Problem der Identität hat sich in den letzten Jahrzehnten noch weiter verschärft. Nicht nur ist Identität ein nie völlig erreichbares, sondern zu unserer Irritation auch ein höchst wandelbares Ziel. Die immer größer gewordenen Freiräume und Entscheidungsspielräume in unserem Leben machen es noch schwerer, die ersehnte Stabilität zu erreichen. Paradoxerweise wird die Suche nach Identität um so intensiver, je häufiger die Möglichkeit, überhaupt »identisch« zu sein, totgesagt wird. Theodor W. Adorno sprach schon in den sechziger Jahren davon, daß die spätkapitalistische Gesellschaftsform überhaupt keine Individuen, keine unabhängigen, »identischen« Ichs mehr brauche – denn die Steuerung aller Lebensvollzüge sei ja längst von den Mechanismen des Marktes übernomen worden. Die Menschen könnten sich also die Mühe sparen, so etwas wie ein unverwechselbares Ich zu entwickeln. Der Identitätskult, der trotzdem getrieben werde, sei pure Ideologie, eine (Selbst-)Täuschung. Einige Jahrzehnte später treibt dieser Kult jedoch weiter Blüten.

Er ist geradezu zum »Identitätsstreß« oder gar zum »Identitätsterror« geworden, wie der Schriftsteller Lothar Baier meint. Und Hans Magnus Enzensberger kommentiert die Sucht nach Festigkeit und Eindeutigkeit bitterböse so: »Jeder, der sich die Mühe macht, den Jahrmarkt des Bewußtseins eine Zeitlang zu beobachten, kann sich ohne weiteres von der Gültigkeit der folgenden Faustregeln überzeugen: Je mürber die eigne Identität, desto dringender das Verlangen nach Eindeutigkeit. Je serviler die Abhängigkeit von der Mode, desto lauter der Ruf nach grundsätzlichen Überzeugungen. Je frenetischer die Spesenjägerei, desto heroischer das Ringen um Integrität. Je schicker das Ambiente, desto inniger der Hang zum ›Subversiven‹… Je weicher der Brei, desto fester die Prinzipien, und je hilfloser das Gezappel, desto inbrünstiger die Liebe zur Konsequenz.«

»Identität« ist geradezu eine Chiffre für die paradoxe, zwiespältige Situation des heutigen Menschen: Die Sehnsucht, »identisch« zu sein, entspringt dem Wunsch nach Festigkeit, Abgrenzung und Eindeutigkeit, aber dieser Wunsch liegt im Widerstreit mit dem anderen großen Motiv, nämlich dem, sich in seinem Lebensentwurf möglichst wenig festzulegen, Entscheidungen immer nur vorläufig zu treffen und seine Plastizität in alle Richtungen zu bewahren.

Die Suche nach Identität wird also in Zukunft noch ausgeprägter von zwei höchst ambivalenten Motiven bestimmt sein: zum einen von dem Wunsch, für die eigene Existenz eine Gestalt, eine Form zu finden, die Sicherheit und Kohärenz bietet, zum anderen von der Furcht, sich festlegen zu müssen und in einer einmal gewählten Gestalt zu erstarren. In vielen zentralen Lebensbereichen wird es uns heute zunehmend leichter gemacht, Festlegungen zu vermeiden, Existenzfragen offenzuhalten und verschiedene Formen zu erproben: So ist schon die tradierte Abfolge von bestimmten Lebensabschnitten – Schule, Ausbildung, Partnersuche, berufliche Bewährung, Familiengründung – gründlich durcheinandergewirbelt. Ausbildungsphasen können aufgeschoben oder nachgeholt, Partner («Lebensabschnittsbegleiter») und Berufswege gewechselt, das Kinderkriegen sehr viel länger als früher vertagt werden. Es gibt keine festen Normen und Reihenfolgen mehr dafür, wann wir was zu entscheiden haben – und selbst wenn wir eine Entscheidung getroffen haben, ist sie oft noch revidierbar. Es scheint, als ob das Entscheidungsmoratorium, das einmal Privileg der jungen, sich noch für den »Rest« des Lebens orientierenden Erwachsenen war, nun auch auf die Jahrzehnte des mittleren Erwachsenenlebens ausgedehnt worden sei.

Sich selbst erzählen: Die autobiographische Anstrengung

Es scheint aber auch, als ob mit der wachsenden Offenheit des Lebensentwurfes und der grundsätzlichen Revidierbarkeit von Entscheidungen das Bedürfnis wächst, die Phasen und Partikel der eigenen Lebensgeschichte in eine Geschichte zu integrieren, die uns ermöglicht, das sonst allzu Beliebige, Zufällige und Widersprüchliche zu interpretieren. Lebensgeschichten schreiben sich nicht mehr »wie von selbst«, sie folgen immer weniger den Verläufen, Mustern und Klischees, die noch in der Moderne eine halbwegs schlüssige Nacherzählung der eigenen Vita erlaubten. Die Biographien der Zukunft werden in doppelter Hinsicht Konstruktionen und Selbsterfindungen sein müssen: Zum einen muß die Lebenswirklichkeit selbst gestaltet werden, zum anderen ist die Verknüpfung der Ereignisse und Episoden des Lebens in eine Geschichte ein bewußter, interpretativer Akt der Selbstdefinition.

Mit anderen Worten: Wir leben ein weitgehend selbstbestimmtes, oft widersprüchliches und nach traditionellen Maßstäben inkonsequentes Leben – und müssen gerade deshalb um so mehr um Sinngebung und Erklärung bemüht sein. Wir müssen uns selbst die Entscheidungen und Revisionen, die erfüllten Hoffnungen und das Scheitern, die Widersprüche und Komplexe erläutern, um so ein Gefühl der Kohärenz – von Identität – herzustellen.

Dabei geht es weniger um die faktische Darstellung des Lebens oder um eine lückenlose Chronik der Ereignisse – die postmoderne biographische Anstrengung dient vor allem der psychologischen Selbstverortung. Sie soll Selbstverständnis und Selbstakzeptanz ermöglichen und Perspektiven für zukünftige Phasen eröffnen. So entspricht diese Form der Selbst- und Weltbetrachtung weniger einer analytischen Sichtweise, die auf Logik und Empirie rekurriert, sondern ist »narrativ«: Sie konzentriert sich auf Gefühle, Wünsche, Bedürfnisse, Hoffnungen und Motive. Dieser subjektive Stoff ist das Rohmaterial für die Selbsterzählung, die Autobiographie, den persönlichen Mythos, den jeder Mensch früher oder später – zumal in postmodernen Zeiten – von seinem Leben entwirft.

Der persönliche Mythos: Sinngebung des Sinnlosen oder Selbsttherapie?

Es erscheint paradox, daß eine archaische Methode der Erfahrungsverarbeitung, nämlich die Erschaffung eines persönlichen Mythos, den Menschen in der Postmoderne eine Möglichkeit bietet, sich gegenüber wachsender Komplexität und Beschleunigung zu behaupten und zu definieren. Erzählungen und Geschichten waren und bleiben die einzigartige menschliche Form, das eigene Erleben zu ordnen, zu bearbeiten und zu begreifen. Erst in einer Geschichte, in einer geordneten Sequenz von Ereignissen und deren Interpretation gewinnt das Chaos von Eindrükken und Erfahrungen, dem jeder Mensch täglich unterworfen ist, eine gewisse Struktur, vielleicht sogar einen Sinn.

Bewußt oder unbewußt verbinden wir die Episoden und Erfahrungen des eigenen Lebens in einem mehr oder weniger schlüssigen Text zu einem persönlichen Mythos. So wie kürzere Berichte und Erzählungen helfen können, Alltagserfahrung zu strukturieren, so kann die Lebensgeschichte entscheidende Bedeutung für die Struktur und Qualität der gesamten bisherigen Existenz gewinnen. Aus der unendlichen Zahl von Informationen und Eindrücken, denen wir täglich ausgesetzt sind, filtern wir Zusammenhänge heraus, versuchen Ursachen und Wirkungen auseinanderzuhalten und schaffen uns so eine halbwegs begreifbare Ordnung. Dieser psychische Reflex auf das Chaos der nackten Tatsachen findet täglich in kleinen Geschichten und Interpretationen seinen Ausdruck, aber er verbindet auch die Episoden und »Nebenhandlungen« unseres Lebens zur großen Autobiographie. Der Versuch, seinen eigenen Erfahrungen erzählend Gestalt zu geben, gehört zu den ältesten Wegen der Selbsterkenntnis – und der Selbsthilfe. Autobiographien können Rechenschaftsberichte, Selbstfindungsversuche, Entscheidungshilfen, sogar Selbsttherapien sein. So sieht der amerikanische Schriftsteller Philip Roth seine Zuckerman-Romane als großangelegten Versuch, das eigene Leben zu depathologisieren. Indem der Autor sein Leben in immer neuen Varianten nacherzählt, exorziert er die Schuldgefühle und Komplexe, die ihn quälen.

Und schon Arthur Schopenhauer schrieb, »daß der Lebenslauf des Einzelnen, so verworren er auch scheinen mag, ein in sich übereinstimmendes, bestimmte Tendenz und belehrenden Sinn habendes Ganzes sei, so gut wie das durchdachteste Epos«.

Der persönliche Mythos, die subjektiv erzählte Lebensgeschichte eines Menschen, spiegelt seine innere, psychische Wahrheit. Er identifiziert das heimliche Leitmotiv des Lebens, und er entsteht allmählich im Laufe der persönlichen Entwicklungsgeschichte, indem er sowohl persönliche Erfahrungen als auch die Angebote der Kultursymbole, Bilder, Motive, integriert.

Eine Lebensgeschichte, der Entwurf des persönlichen Mythos, ist nicht das chronologische Nacherzählen eines Lebens, sondern eine Innovation – eine Synthese, die Zusammenhänge begreifbar macht und Lösungen entwirft. Der persönliche Mythos beruht auf einer »erzählerischen Wahrheit«, die in sich stimmig, zusammenhängend und überzeugend erscheinen muß, und erst in dieser Plausibilität liegt die Chance, konstruktiv, vielleicht sogar selbsttherapeutisch über sein Leben nachzudenken.

Diese Erkenntnis macht sich die neuesten Strömungen der Psychotherapie zunutze, die »narrative Therapie«, ein Versuch, die heilsame Kraft von Selbsterzählungen zu nutzen. Narrative Therapeuten nehmen die Geschichte eines Lebens als Ausgangspunkt für Problemlösungen: Da wir die Welt weniger wahrnehmen als interpretieren, kann durch Interpretation, durch Akzentuieren und »Umschreiben« der Geschichte auch die Selbstbewertung, das Selbstbild verändert werden. Diese Um-Wertung ist dann hilfreich, wenn wir im Streben nach Identität zu Gefangenen von »dominierenden« und uns negativ beeindruckenden Erzählsträngen geworden sind, die vor allem problematische und selbstzerstörerische Motive hervorheben – und positive, kreative und selbstfördernde Motive vernachlässigen.

Die traditionelle Psychoanalyse beispielsweise beruht vorwiegend darauf, pathologische Entwicklungen, Komplexe und Traumata ausfindig zu machen und sie zu bearbeiten. Der narrative Ansatz dagegen versucht, die Episoden und Entwicklungsanteile herauszupräparieren, die der Persönlichkeitsstärke dienlich sein können. Nicht die problemgesättigten Geschichten interessieren den narrativen Therapeuten, sondern die problemfreien Erfahrungen und Erinnerungen, die geeignet sind, der Lebensgeschichte einen positiven und konstruktiven Drall zu geben.

Oft geht es dabei darum, den »narrativen Ton« einer Lebensgeschichte zu beeinflussen oder zu verändern, die Grundstimmung, in der eine Lebensgeschichte erzählt wird. Diese Grundstimmung entsteht in den frühesten Lebensphasen, in denen sich noch keine Identität entwickelt hat. Jedoch bilden sich in der Kindheit bereits das Selbst-Bewußtsein, die affektive Einstimmung auf das spätere Leben. Motive von Bindung, Selbständigkeit, Liebe, Vertrauen und Vernachlässigung prägen diese Grundstimmung bereits auf einer prärationalen und prälogischen Ebene und beeinflussen die spätere Bewertung und Einordnung von Ereignissen.

Durch selektives und akzentuierendes Nacherzählen der Lebensgeschichte und durch Aufspüren von »vergessenen«, unterdrückten oder unterschätzten positiven Momenten versucht die narrative Therapie, eine möglicherweise negative Tonalität zu verändern und eine neue Bewertung der eigenen Erfahrungen zu ermöglichen. Identität ist eine Geschichte, die neu erzählt und verändert werden kann.

Geschichten gegen das Chaos

Die Auseinandersetzung mit dem persönlichen Mythos, mit der eigenen Lebensgeschichte, könnte in postmodernen Zeiten vor allem dabei helfen, der wachsenden Unsicherheit über die eigene Identität und der Fragmentierung von Erfahrung entgegenzuwirken. Dieses besondere Leiden des postmodernen Menschen, die angestrengten und oft vergeblichen Versuche, die Frage »Wer bin ich?« zu beantworten, haben auf breiter Front die »klassischen« Neurosen mit ihren eng umschriebenen und klar definierten Krankheitsbildern abgelöst. Heute sind eher diffuse Ängste und Unsicherheiten, Entfremdung, existentielle Krisen und Ich-Störungen die zeittypischen seelischen Probleme. Gefühle der Sinnlosigkeit, der Entwurzelung und Traditionslosigkeit machen es einer wachsenden Zahl von Menschen immer schwerer, sich in einer Welt zu orientieren, in der die Überfülle von sinnlos erscheinenden, widersprüchlichen und verwirrenden Informationen zu verarbeiten ist.

Wenn heute Chaos das meistdiskutierte und dominierende Denkmodell in den Natur- und Sozialwissenschaften geworden ist und wenn Psychologen wie Kenneth Gergen von der »aleatorischen Perspektive« des Lebens sprechen – also von den zufallshaften, »hingewürfelten« Ereignisfolgen im Leben der Menschen –, dann spiegelt das auch das Lebensgefühl des postmodernen Ichs wider: undurchschaubaren, unbegreiflichen Kräften ausgeliefert zu sein.

In dieser Situation, in der nicht Kontinuität, Regelhaftigkeit und gesetzmäßige, normierte Abläufe das Leben des Menschen prägen, sondern Fragmentierung, Konfusion und Zufall, liegt in der Rückgewinnung erzählerischer Fähigkeit – vor allem im Bezug auf das eigene Leben – eine hilfreiche und nützliche Perspektive. Die Arbeit am persönlichen Mythos ist eine Form der Selbstvergewisserung, der Selbsterkenntnis, die der seelischen Stabilisierung und Gesundheit zuträglich ist.

Gesundheitsforscher wie der israelische Psychologe Aaron Antonovsky gehen inzwischen davon aus, daß das dominierende Merkmal psychisch und physisch gesunder Menschen ihr »Sinn für Kohärenz« ist, also die Überzeugung, daß die Erfahrungen des Lebens in einen größeren Zusammenhang eingebunden werden können und somit transparent und sinnvoll für den eigenen Lebensplan werden. Diese existentielle Zuversicht läßt sich durch die Rekonstruktion und Neuinterpretation der eigenen Lebensgeschichte erarbeiten. Zwar sind wir nur in sehr geringem Maße *Autoren* unserer Geschichte – zu groß ist inzwischen die Macht der Außeneinflüsse und der Abhängigkeit von persönlichen und sozialen Ressourcen, um diese sich selbst überschätzende Rolle durchzuhalten –, aber wir können gute und verständnisvolle *Erzähler* unserer Geschichte sein und so den nötigen Sinn und Zusammenhang stiften.

Die Arbeit am persönlichen Mythos ist eine Form der Selbsterkenntnis und der Selbsterforschung, die neben anderen Methoden wie etwa der Aufzeichnung von Träumen, der bewußten Pflege des inneren Dialoges zwischen verschiedenen Anteilen des Selbst, der Konzentration auf die eigenen Körperrhythmen und so weiter ein Instrument der Orientierung und Sinnfindung sein kann. Indem wir Vergangenheit und Gegenwart strukturieren und erzählend interpretieren, wird uns das Entwerfen der Zukunft sehr viel bewußter und gezielter gelingen. Das Projekt der psychologischen Autobiographie ist nicht automatisch dasselbe wie die Suche nach Glück oder Erfüllung. Es geht zunächst darum, zentrale Motive und Richtungen zu erkennen. Manchmal kann diese Selbsterkenntnis ernüchternd und deprimierend sein, aber der korrigierende und zukunftsweisende Effekt der autobiographischen Anstrengung liegt darin, ein Gefühl der Identität zu entwickeln und sein Leben als Ganzes akzeptieren zu können.

Persönliche Mythen verbinden uns darüber hinaus mit den größeren Geschichten unserer Umwelt, wir können sie ohnehin nur in einem sozialen Kontext leben. Ohne diese bewußte Teilhabe an den größeren Projekten der Gesellschaft, ohne das Einklinken unserer Lebensmotive und Ziele in Gemeinschaften bleibt die Suche nach der eigenen Geschichte nur ein narzißtisches Unterfangen.

Aber selbst wenn es uns gelingt, gute Selbstmanager zu sein, einen persönlichen Lebenssinn, eine Identität und eine kohärente Lebensgeschichte zu finden, bleibt uns an der Schwelle zum nächsten Jahrtausend die ernüchternde, manchmal nur schwer zu ertragende Erkenntnis: Es wird nie wieder gelingen, die Fülle von Widersprüchen, von Inkohärenzen, von Ironien und Absurditäten aus unserem Leben auszuschließen, die das Leben heute mit sich bringt. Wir müssen, als ein Leitmotiv der eigenen Lebensgeschichte, neben dem Streben nach Zusammenhang und Sinn auch eine Toleranz für diese Widersprüche entwickeln – wir müssen mit der eigenen Unvollkommenheit leben lernen. Das ist die »condition humaine« des 21. Jahrhunderts: zwischen den Entgrenzungen und Möglichkeiten einerseits und dem Zwang andererseits, sich in diesem komplexen Universum zu behaupten und sich selbst definieren zu müssen, eine Balance zu finden.

Literatur

Anders, Günther: Die Antiquiertheit des Menschen. C. H. Beck, München 1985

Antonovsky, Aaron: Unravelling the Mystery of Health. Jossey Bass, San Francisco 1987

Barthes, Roland: Fragmente einer Sprache der Liebe. Suhrkamp, Frankfurt 1984

Baudrillard, Jean: Kool Killer oder der Aufstand der Zeichen. Merve, Berlin 1979

Baumann, Zygmunt: Parvenü und Paria. Helden und Opfer der Moderne. In: Merkur, Heft 3, März 1994

Baumeister, Roy: Meanings of Life. Guilford Press, New York 1991

Baumeister, Roy / Heatherton, Todd / Tice, Dianne: Losing Control. How and Why People Fail at Self-Regulation. Academic Press, San Diego 1994

Baumeister, Roy: Escaping the Self. Alcoholism, Spirituality, Masochism and other Flights from the Burden of Selfhood. Basic Books, New York 1991

Beck, Ulrich / Beck-Gernsheim, Elisabeth: Riskante Freiheiten. Suhrkamp, Frankfurt 1994

Beck, Ulrich / Vossenkuhl, Wilhelm / Ziegler, Ulf Erdmann: Eigenes Leben. Ausflüge in die unbekannte Gesellschaft, in der wir leben. C. H. Beck, München 1995

Bellow, Saul: There is Simply too Much to Think About. In: Forbes, 14. September 1992

Berglas, Steven / Baumeister, Roy: Your Own Worst Enemy. Understanding the Paradox of Self-Defeating Behavior. Basic Books, New York 1993

Blumenberg, Hans: Die Arbeit am Mythos. Suhrkamp, Frankfurt 1985

Brauner, Josef / Bickmann, Roland: Die multimediale Gesellschaft. Campus, Frankfurt 1994

Bruder, Klaus-Jürgen: Subjektivität und Postmoderne. Der Diskurs der Psychologie. Suhrkamp, Frankfurt 1993

Cohler, Bertram: The Life Story and the Study of Resilience and Response to Adversity. In: Journal of Narrative and Life History, Vol. 1, Nr. 2/3, 1991

Csikszentmihalyi, Mihalyi: Flow. The Psychology of Optimal Experience. Harper and Row, New York 1990

Csikszentmihalyi, Mihalyi: Dem Sinn des Lebens eine Zukunft geben. Eine Psychologie für das 3. Jahrtausend. Klett-Cotta, Stuttgart 1995

Cushman, Philip: Why the Self is Empty. In: American Psychologist, May 1990

Duval, Shelley / Wicklund, Robert: A Theory of Objective Self-Awareness. Academic Press, New York 1972

Eco, Umberto: »Ich weiß etwas, was Du nicht weißt«. Ein Gespräch mit Heiko Ernst, in: Psychologie heute, März 1990

Elkind, David: Ties That Stress. The New Family Imbalance. Harvard University Press, Cambridge, Mass. 1994

Enzensberger, Hans Magnus: Der fliegende Robert. Suhrkamp, Frankfurt 1989

Enzensberger, Hans Magnus: Gedichte. Von der Algebra der Gefühle. In: Merkur, Heft 2, Februar 1994

Erikson, Erik: Identität und Lebenszyklus. Suhrkamp, Frankfurt 1966

Fest, Joachim: Die schwierige Freiheit. Über die offene Flanke der offenen Gesellschaft. Siedler, Berlin 1993

Galbraith, John Kenneth: The Affluent Society. Mentor Books, New York 1958

Gergen, Kenneth: Die Konstruktion des Selbst im Zeitalter

der Postmoderne. In: Psychologische Rundschau, Oktober 1990

Gergen, Kenneth: The Saturated Self. Dilemmas of Identity in Contemporary Life. Basic Books, New York 1991

Greiffenhagen, Martin: Demonstrative Vernunft. In: Management Wissen. Heft 2, 1991

Gross, Peter: Die Multioptionsgesellschaft. Suhrkamp, Frankfurt 1994

Hitzler, Donald / Hohner, Anne: Bastelexistenz. Über subjektive Konsequenzen der Individualisierung. In: Beck, Ulrich / Beck-Gernsheim, Elisabeth: Riskante Freiheiten. Suhrkamp, Frankfurt 1994

Horney, Karen: Neurose und menschliches Wachstum. Reihe »Geist und Psyche«, Fischer, Frankfurt 1980

Howe, Fanny: The Plot Sickens. In: Lear's, Dezember 1992

Illich, Ivan: Die Gesellschaft in den Fängen der Bedürfnismacher. In: Glaser, Hermann (Hrsg.): Fluchtpunkt Jahrhundertwende, Ullstein, Frankfurt 1981

James, William: The Principles of Psychology. Harvard University Press, Cambridge, Mass. 1981 (rev. Ausgabe)

Kahle, Lynn: The End of »Image«. In: Psychology Today, Nr. 1/2, 1993

Kaltenbrunner, Gerd-Klaus (Hrsg.): Der asketische Imperativ. Strategien der Selbstbeherrschung. Herder, München 1985

Keupp, Heiner / Bilden, Helga (Hrsg.): Verunsicherungen. Das Subjekt im gesellschaftlichen Wandel. Hogrefe, Göttingen 1989

Keupp, Heiner: Psychologisches Handeln in der Risikogesellschaft. Gemeindepsychologische Perspektiven. Quintessenz, München 1994

Keupp, Heiner (Hrsg.): Zugänge zum Subjekt. Perspektiven einer reflexiven Sozialpsychologie. Suhrkamp, Frankfurt 1994

Kinder, Melvin: Going Nowhere Fast. Prentice Hall, New York 1990

Kozlowski, L. T. / Herman, C. P.: The Interaction of Psychosocial and Biological Determinants of Tobacco Use. In: Journal of Applied Social Psychology 14, 1988

Kramer, Peter: Glück auf Rezept. Der unheimliche Erfolg der Glückspille Prozac. Kösel, München 1995

Latané, Bibb / Darley, James: Bystander »Apathy«. In: American Scientist, Nr. 57, 1969, S. 244–268

Lewis, Michael: Scham. Annäherungen an ein Tabu. Kabel, Hamburg 1994

Lifton, Robert Jay: The Protean Self. Human Resilience in an Age of Fragmentation. Basic Books, New York 1993

Lutz, Christian: Leben und arbeiten in der Zukunft. Langen Müller/Herbig, München 1995

Marquard, Odo: Zukunft braucht Herkunft. In: Börsenblatt des Deutschen Buchhandels, Nr. 96, 2. Dezember 1994

McAdams, Dan: Stories We Live By. Personal Myths and the Making of the Self. William Morrow, New York 1992

McKibben, Bill:The Age of Missing Information. Random House, New York 1992

McLuhan, Marshall / Powers, Bruce R.: The Global Village. Der Weg der Mediengesellschaft in das 21. Jahrhundert. Junfermann, Paderborn 1995

Mead, George Herbert: Gesammelte Aufsätze. Deutsch von Klaus Laermann. 2 Bände, Suhrkamp, Frankfurt 1987

Men's Health Magazine: How A Man Stays Young. Rodale Press, Emmaus, Pennsylvania 1993

Meyrowitz, Joshua: Die Fernsehgesellschaft. Wirklichkeit und Identität im Medienzeitalter. Psychologie heute – Bewußtsein, Beltz, Weinheim 1987

Moeller, Michael Lukas: Sprachlos und beziehungsarm. Die große Einsamkeit zu zweit. Gespräch mit H. Ernst. In: Psychologie heute, Juli 1989

Moore-Ede, Martin: Die Nonstop-Gesellschaft. Heyne, München 1993

Myers, David: The Pursuit of Happiness. Who is Happy and Why. William Morrow, New York 1992

Nathanson, Donald (Hrsg.): The Many Faces of Shame. The Guilford Press, Los Angeles 1987

Naylor, Thomas / Wilimon, William / Naylor, Magdalena: The Search for Meaning. Abingdon Press, Nashville 1994

Neckel, Sighard: Status und Scham. Zur symbolischen Reproduktion sozialer Ungleichheit. Campus, Frankfurt 1993

Pasolini, Pier Paolo: Freibeuterschriften. Die Zerstörung der Kultur des Einzelnen durch die Konsumgesellschaft. Wagenbach, Berlin 1978

Polkinghorne, Donald: Narrative and Self-Concept. In: Journal of Narrative and Life History, Vol. 1, Nr. 2/3, 1991

Postman, Neil: Wir amüsieren uns zu Tode. Fischer, Frankfurt 1988

Rahe, Richard: Life Change Scaling Revisited. Vortrag auf dem 7. International Congress on Stress, Montreux 1995

Riesman, David: Wohlstand wofür? Suhrkamp, Frankfurt 1973

Saltzman, Amy: Downshifting. Reinventing Success on a Slower Track. Harper Collins, New York 1991

Sass, Louis: Madness and Modernism. Insanity in the Light of Modern Art, Literature and Thought. Basic Books, New York 1992

Seligman, Martin: Helplessness. On Depression, Development and Death. Freeman, San Francisco 1993

Sennett, Richard: »Nietzsche hätte sich vermutlich nicht zurechtgefunden«. Ein Gespräch mit Irene Mayer-List, in: Psychologie heute, März 1995

Schmidt, Wilhelm: Auf der Suche nach einer neuen Lebenskunst. Die Frage nach dem Grund und die Neubegründung der Ethik bei Foucault. Suhrkamp, Frankfurt 1992

Schulze, Gerhard: Die Erlebnis-Gesellschaft. Kultursoziologie der Gegenwart. Campus, Frankfurt 1992

Schwarzer, Ralf / Wicklund, Robert A.: Anxiety and Self-Focussed Attention. Harwood Academic Publishers, Chur 1991

Simon, Fritz: Warum ist Ignoranz eine Tugend? In: Frankfurter Allgemeine-Magazin, Heft 21, 1994

Sloterdijk, Peter: Kritik der zynischen Vernunft (2 Bände). Suhrkamp, Frankfurt 1983

Sloterdijk, Peter: Medien Zeit. Drei gegenwartsdiagnostische Versuche. Cantz, Stuttgart 1993

Spinnen, Burkhard: Nachwort zur Gesamtausgabe von Arthur Schnitzlers »Erzählungen«. Manesse, Zürich 1994

Steinem, Gloria: Was heißt schon emanzipiert? Meine Suche nach einem neuen Feminismus. Hoffmann und Campe, Hamburg 1993

Usher, Rod: The Not-Me-Generation. In: Time, 16. Januar 1995

Wegner, Daniel / Pennebaker, James (Hrsg.): Handbook of Mental Control. Prentice Hall, Englewood Cliffs, New Jersey 1993

Welsch, Wolfgang: Unsere postmoderne Moderne. Acta Humaniora, VCH, Weinheim 1988

Winnicott, D. W. Refungsprozesse und fördernde Umwelt. Klett-Cotta, Stuttgart 1978

Winter, Leon de: Tomaten, Toleranz und trockene Füße. In: Zeit-Magazin, Nr. 41, 1993

Wurman, Richard Saul: Information Anxiety. Doubleday, New York 1989

Wurmser, Leon: Die Masken der Scham. Die Psychoanalyse von Schameffekten und Schamkonflikten. Springer, Heidelberg 1981

Yankelovich, Daniel: Wohlstand und Wertewandel. Das Ende der fetten Jahre. In: Psychologie heute, März 1994

Zmegač, Viktor: Geschichte der deutschen Literatur. Vom 18. Jahrhundert bis zur Gegenwart. Beltz Athenäum, Weinheim 1994

Kurt Singer

Kränkung und Kranksein

Psychosomatik als Weg zur Selbstwahrnehmung. 244 Seiten. SP 1681

Dieses Buch führt ein in das psychosomatische Denken, es will den Sinn des Krankseins verstehen lehren, zur Selbstwahrnehmung anregen und Selbstheilungskräfte wecken. Jeder Mensch macht psychosomatische Erfahrungen: Er wird rot vor Scham, zittert vor Angst, bekommt Herzklopfen vor Erregung; manche ärgern sich ein »Loch« in den Bauch, andere zerbrechen sich über ein Problem den Kopf, dem einen bleibt die Spucke weg, dem andern bricht das Herz, dem einen läuft die Galle über, dem anderen dreht sich der Magen um... In solchen Sprachwendungen kommt ein tiefverwurzeltes Wissen über den Zusammenhang von Körper und Seele zum Ausdruck, das die Psychosomatik erforscht und therapeutisch nutzt. Dieses Buch führt mit Fallbeispielen aus dem Alltag ins psychosomatische Denken ein und will helfen, den verborgenen Sinn von Krankheit »leibhaftig« verstehen zu lernen.

»Krankheit ist für Singer nicht das andere, das nicht zu mir gehört, nicht der Feind, den es zu bekämpfen gilt, sondern eher ein unbequemer, aber helfender Freund, der mich auffordert, mich mit ihm auseinanderzusetzen.«
Bayerischer Rundfunk

Zivilcourage wagen
Wie man lernt, sich einzumischen. 224 Seiten. SP 2552

Dieses Buch handelt von Zivilcourage und Bürgermut. Es wendet sich an jene, die erkennen, wie notwendig heute politische Beteiligung und Veränderung »von unten« sind. Die aufs äußerste bedrohte Welt bedarf dringend der Zivilcourage und des Bürgermuts von Menschen, die der Politik des Risikos und der Bedenkenlosigkeit widerstehen.

Heiko Ernst

Die Weisheit des Körpers
Kräfte der Selbstheilung.
196 Seiten. SP 2136

Körperfeindliche Lebensweisen, die den Körper nur als Maschine behandeln, die zu funktionieren hat, gehen heute einher mit einem überzogenen Körper- und Fitneßkult. Dabei »weiß« unser Körper sehr gut, wie er seine Gesundheit erhält, wie er sich erholen und selbst heilen kann. Doch viele Menschen verstehen es nicht mehr, die Signale ihres Organismus zu empfangen und umzusetzen.
Heiko Ernst zeigt auf, wie sich die unterschätzten und unterdrückten Selbstheilungskräfte des Körpers erkennen und nutzen lassen.

»Keiner der üblichen Gesundheitsratgeber, sondern ein zum Nachdenken anregender Text über das Wesen von Gesundheit als Seele-Körper-Wechselwirkung, ein Text, aus dem der Leser seine eigene ›Anleitung zum Handeln‹ gewinnt.«

Nordbayerischer Kurier

Jacob Liberman

Die heilende Kraft des Lichts
Der Einfluß des Lichts auf Psyche und Körper. Aus dem Amerikanischen von Hans Finck.
287 Seiten. SP 2005

Licht gehört zu den ältesten, einfachsten und wirksamsten Heilmitteln der Menschheit. Der gezielte Einsatz sowohl des Sonnenlichts als auch des künstlichen Vollspektrumlichts sowie spezieller, klinisch erprobter Licht-Therapien vermag verblüffend schnell und nachhaltig viele akute Krankheiten und chronische Beschwerden – von Kopfschmerzen bis zu Krebs und Arteriosklerose – zu lindern oder sogar vollständig zu heilen. Auch bei psychischen Störungen wie Depressionen oder Sexualproblemen wird Licht seit einiger Zeit immer häufiger angewandt. Der amerikanische Augenarzt Jacob Liberman gilt international als Kapazität auf dem Gebiet der Licht-Therapie. Er hat in seiner Praxis Tausende von Patienten erfolgreich mit genau dosierter Lichteinwirkung behandelt.

SERIE
PIPER

Felix von Cube

*Besiege deinen
Nächsten
wie dich selbst*
*Aggression im Alltag.
168 Seiten. SP 1745*

»Der Mensch ist keine Grau-
gans«, mit diesem Argument
wird die Übertragung verhal-
tensbiologischer Erkenntnisse
auf menschliche Verhaltensweisen von vielen Sozial- und
Geisteswissenschaftlern infra-
gegestellt. Der Erziehungswis-
senschaftler Felix von Cube
weist dagegen im vorliegenden
Buch nach, daß Aggression ein
spontaner Trieb ist, der der
natürlichen Veranlagung des
Menschen entspricht. Alle traditionellen Moralen konnten
die Ausübung von Gewalt
nicht verhindern. Wir müssen
mit der Aggression leben, es
fragt sich nur, wie. Das ist für
Felix von Cube der Ausgangspunkt seiner Anleitung zum
Umgang mit der dem Men-
schen innewohnenden Aggression. Sie zu leugnen oder zu
tabuisieren, argumentiert von
Cube, führe zwangsläufig zu
innerer und äußerer Gewalt.
Aus der Erkenntnis, daß nicht

die Gewaltausübung an sich,
sondern das Gefühl des Sie-
gens den Aggressionstrieb befriedigt, entwickelt Felix von
Cube anschaulich Möglichkeiten der Kultivierung der Aggression.

*Fordern statt
Verwöhnen*
*Die Erkenntnisse der Verhaltens-
biologie in Erziehung und
Führung. 336 Seiten. SP 949*

Der Mensch strebte schon im-
mer nach Verwöhnung, nach
Lust ohne Anstrengung. Tech-
nik, Wohlstand, Freizeitkon-
sum machen dies heute mög-
lich. Aggressive Langeweile,
Gewalt, Drogenkonsum sind
die Folgen. Wir zerstören die
Umwelt und uns selbst.
Müssen wir Verzicht üben und
Askese? Die Erkenntnisse der
Verhaltensbiologie zeigen ei-
nen eigenen Weg: Aktivität
statt Apathie, Abenteuer statt
Langeweile, lustvoller Einsatz
natürlicher Energien statt
Schonen. Erziehung muß zur
Selbstforderung befähigen.

»Für Pägagogen und Füh-
rungskräfte von allerhöchster
Bedeutung.«
Die höhere Schule

Erving Goffman

Wir alle spielen Theater

*Die Selbstdarstellung im Alltag.
Aus dem Amerikanischen von
Peter Weber-Schäfer. Vorwort von
Ralf Dahrendorf. 256 Seiten.
SP 312*

An verblüffenden Beispielen zeigt der Soziologe Goffman in diesem Klassiker das »Theater des Alltags«, die Selbstdarstellung, wie wir alle im sozialen Kontakt, oft nicht einmal bewußt, sie betreiben, vor Vorgesetzten oder Kunden, Untergebenen oder Patienten, in der Familie, vor Kollegen, vor Freunden.

Erving Goffman gibt in diesem Buch eine profunde Analyse der vielfältigen Praktiken, Listen und Tricks, mit denen sich der einzelne vor anderen Menschen möglichst vorteilhaft darzustellen sucht. Goffman wählt dazu die Perspektive des Theaters. Wie ein Schauspieler durch seine Handlungen und Worte, durch Kleidung und Gestik, angewiesen von einer unsichtbaren Regie, einen bestimmten Eindruck vermittelt, so inszenieren einzelne und Gruppen im Alltag »Vorstellungen«, um Geschäftspartner oder Arbeitskollegen von den eigenen echten oder vorgetäuschten Fähigkeiten zu überzeugen. Daß dies nichts mit Verstellung zu tun hat, sondern ein notwendiges Element des menschlichen Lebens ist, macht Goffman anschaulich und überzeugend klar.

»Die soziale Welt ist eine Bühne, eine komplizierte Bühne sogar, mit Publikum, Darstellern und Außenseitern, mit Zuschauerraum und Kulissen, und mit manchen Eigentümlichkeiten, die das Schauspiel dann doch nicht kennt... Goffman geht es... um den Nachweis, daß die Selbstdarstellung des einzelnen nach vorgegebenen Regeln und unter vorgegebenen Kontrollen ein notwendiges Element des menschlichen Lebens ist. Der Sozialwissenschaftler, der dieses Element in seine Begriffe hineinstilisiert – Rolle, Sanktion, Sozialisation usw. –, nimmt nur auf, was die Wirklichkeit ihm bietet... Soziologie macht das Selbstverständliche zum Gegenstand der Reflexion.«
Ralf Dahrendorf

Eva Jaeggi

Ich sag' mir selber Guten Morgen

Single – eine moderne Lebensform. 260 Seiten. SP 1933

Leben als Single – das ist der Traum vom Leben ganz nach eigenem Wunsch, nach eigenen Bedürfnissen, in eigener Regie! Das ist aber auch die Horrorvision vom Absturz in soziale Unverbindlichkeit und Einsamkeit. Was macht diese Lebensform für immer mehr Individuen so attraktiv? Eva Jaeggi, Psychologin und Psychotherapeutin, hat in monatelangen Recherchen die Tag- und Nachtseiten des Single-Daseins erkundet.

Eva Jaeggis Untersuchung zeitigt eine Reihe handfester sozialpsychologischer Ergebnisse: Wer allein lebt, muß sich mögen; er muß vielfältige Interessen und ein Verhältnis zur Welt haben; er muß Freunde haben, mit denen er in einem dichten Beziehungsnetz steht. Ein Buch für Singles, aber auch für die vielen, die darüber nachdenken, wie sie leben wollen.

Neugier als Beruf

Autobiographie einer Psychotherapeutin. 200 Seiten. SP 1488

Dies ist die Autobiographie der bekannten Psychotherapeutin, die im Spiegel ihrer eigenen Entwicklung – von der Verhaltenstherapie über verschiedene andere Therapieformen zur Psychoanalyse – zeigt, wie die Psychotherapieszene der letzten dreißig Jahre in Deutschland aussah und wie sie sich verändert hat. So läßt sich dies Buch auch lesen als ein Stück Psychotherapiegeschichte.

Psychologie und Alltag

141 Seiten. SP 689

Diese Aufsatzsammlung zeigt die Brauchbarkeit psychologischen Denkens bei der Bewältigung alltäglicher Probleme. Überall, sei es im Privaten, aber auch im Verhältnis zur Arbeit erweist sich Psychologie als hilfreich, und das nicht als lebensfremde akademische Disziplin, sondern verbunden mit soziologischen und historischen Kategorien als praktische Wissenschaft vom Menschen.

Otto Marmet

Ich und du und so weiter

Kleine Einführung in die Sozialpsychologie. Überarbeitete Ausgabe. 123 Seiten mit Illustrationen von Etienne. SP 1103

Was bedeutet »soziale Rolle«? Wie entwickeln sich Gruppen? Was heißt Kommunikation? Wie nehmen wir unser eigenes Verhalten wahr? Wie löst man Konflikte? Dieser kleine Abriß der Sozialpsychologie vermittelt sehr anschaulich und zugänglich die wichtigsten sozial- und gruppenpsychologischen Grundkenntnisse – ideal für die Aus- und Fortbildung von Lehrern, Erziehern, Ärzten, Pflegepersonal, Sozialarbeitern und vielen mehr und geeignet als Grundlektüre in der praxisbezogenen Erwachsenenbildung. Alltagsnah und anschaulich werden die zentralen Themen der Sozialpsychologie nahegebracht: Kommunikation, Gruppenbeziehungen, Sozialisation, soziale Wahrnehmung, soziales Lernen.

Jürgen Hesse Hans Christian Schrader

Die Neurosen der Chefs

Die seelischen Kosten der Karriere. 237 Seiten. SP 2229

Sie werden gesucht, sie werden gebraucht, aber sie versagen: Führungskräfte, Vorgesetzte, Manager und Chefs. Die Hauptquelle von Frust, Verzweiflung und Ineffektivität am Arbeitsplatz sind unfähige Führungskräfte. Doch woher kommt diese zunehmend beklagte Unfähigkeit? Ist die Quelle dieser Persönlichkeitsdefizite in der Firmenstruktur oder in der ganz persönlichen Biographie zu suchen? Wer die Leiden der Leitenden – Einsamkeit, Neid, Rivalität, Streß –, wer ihre Süchte – Alkohol, Medikamente, Arbeit, Macht – und wer ihre Krankheiten und ihr kriminelles Potential kennt und durchschaut, hat schon viel für sich gewonnen.

SERIE
PIPER

Irenäus Eibl-Eibesfeldt

Krieg und Frieden aus der Sicht der Verhaltensforschung

329 Seiten mit Abbildungen.
SP 329

»Ein immenses Material, das uns zum Nachdenken nicht anregt, sondern zwingt.«
Frankfurter Allgemeine Zeitung

Liebe und Haß

Zur Naturgeschichte elementarer Verhaltensweisen. 293 Seiten. SP 113

»Ein lebendiges und instruktives Buch, strotzend von Material, das vielfach auf eigenen Forschungsreisen gewonnen wurde, überzeugend in seinen Analysen und Schlußfolgerungen.«
Frankfurter Allgemeine Zeitung

Der Mensch – das riskierte Wesen

Zur Naturgeschichte menschlicher Unvernunft. 272 Seiten mit 29 Abbildungen. SP 585

Haben wir noch eine Zukunft? Was hindert die Menschen daran, nach Einsicht vernünftig zu handeln? Solche Fragen stellen sich auch dem Biologen Irenäus Eibl-Eibesfeldt, der seit Jahrzehnten menschliches Verhalten erforscht. In seinem Buch zur Naturgeschichte menschlicher Unvernunft setzt er sich temperamentvoll mit solchen Fragen auseinander und gibt allgemeinverständliche Antworten aus der Sicht des Biologen und Humanethologen.

Wider die Mißtrauensgesellschaft

Streitschrift für eine bessere Zukunft. 255 Seiten. SP 2173

Ein Naturwissenschaftler, der den Mut hat, sich einzumischen, hat ein provozierendes Buch geschrieben.

»Jedenfalls ein intelligentes, ehrliches, mutiges und äußerst interessantes Buch, zudem sehr gut lesbar, das Zustimmung und Widerspruch hervorrufen wird.«
ekz-Informationsdienst

»So redlich wie mit Eibl-Eibesfeldt ist zur Zeit kaum mit jemandem zu diskutieren. Denn er will nicht Standpunkte polarisieren, sondern ›den Rahmen des Möglichen empirisch und rational‹ ausloten.«
Salzburger Nachrichten

Galápagos

Die Arche Noah im Pazifik. 507 Seiten mit 43 farbigen und 229 schwarzweißen Abbildungen sowie 52 Karten im Inselführer. SP 1232

Alexander Mitscherlich

Auf dem Weg zur vaterlosen Gesellschaft

Ideen zur Sozialpsychologie. 400 Seiten. SP 45

Diese Untersuchung hat den Ruhm des Psychoanalytikers als Zeit- und Gesellschaftskritiker international begründet. Mitscherlich hat hier ein sozialpsychologisches Paradigma unserer Epoche entworfen: Die »Hierarchie der Vaterrolle« zerfällt, die prägenden Vorbilder verblassen. Die daraus entstehenden Konflikte erzeugen neuartige neurotische Verhaltensweisen wie Indifferenz dem Mitmenschen gegenüber, Aggressivität, Destruktivität und Angst. Als einen der folgenreichsten Konflikte unserer Zeit bezeichnet Mitscherlich die paradoxe Entwicklung, daß der einzelne immer mehr »subjektive Autonomie« fordert und auch erlangt, zugleich sich aber den bürokratischen und anderen konformistischen Zwängen immer stärker ein- und unterordnen muß.

»Selten hat ein Buch eine so tiefgreifende, nüchterne und gerade deshalb erschütternde Zeitanalyse geboten wie dieses.«
Basler Nationalzeitung

Alexander und Margarete Mitscherlich

Die Unfähigkeit zu trauern

Grundlagen kollektiven Verhaltens. 383 Seiten. SP 168

Die Abhandlungen dieses Buches untersuchen psychische Prozesse in großen Gruppen, als deren Folge sich Freiheit oder Unfreiheit der Reflexion und der Einsicht ausbreiten. Es wird also der Versuch unternommen, einigen Grundlagen der Politik mit Hilfe psychologischer Interpretation näherzukommen, der Interpretation dessen, was Politik macht, nämlich menschlichen Verhaltens in großer Zahl.

»Es wäre ein Gewinn, wenn das Interesse an dem Thema auch Leser, die sich bisher mit Psychoanalyse überhaupt nicht beschäftigt haben, dazu führen würde, einen ersten Schritt in diese in Deutschland lange Zeit unterdrückte Gedanken- und Erkenntniswelt zu machen. Wer die Jahre vor 1933 noch einigermaßen bewußt, wenn auch jugendlich miterlebt hat, kann heutzutage nur staunen, wie ahnungslos die Generationen der jetzt Vierzigjährigen diesem ganzen Komplex gegenübersteht.«
Frankfurter Allgemeine Zeitung

SERIE
PIPER